중세 일본 설화모음집 4

일한대역 『우지슈이모노가타리宇治拾遺物語』④
『다케토리모노가타리竹取物語』
『오토기조시御伽草子』①

『이 저서는 인하대학교의 지원에 의하여 연구되었음.』
『This work was supported by INHA UNIVERSITY Research Grant.』

중세 일본 설화모음집 4

일한대역 『우지슈이모노가타리宇治拾遺物語』④
『다케토리모노가타리竹取物語』
『오토기조시御伽草子』① -

민병찬 옮김

도서출판 시간의물레

目次 Contents

일러두기 / 7

【우지슈이모노가타리 宇治拾遺物語 ④】

181. 하필이면 소리가 같아서 ················ 10
182. 대꾸할 거리도 아니라며 ················ 13
183. 나야 어찌 되던지 ················ 16
184. 개는 영물이니 ················ 19
185. 하마터면 웃다가 숨넘어갈 뻔 ················ 23
186. 하늘이 도와서 ················ 31
187. 그게 그 오랑캐인가? ················ 38
188. 두 번은 안 해 ················ 42
189. 온 집안을 말아먹었지만 ················ 44
190. 사람을 잘못 보고 ················ 49
191. 온 정성으로 기도하기에 ················ 51
192. 쌀이 샘솟는 주머니 ················ 55
193. 도솔천에 다녀온 영험한 스님의 기도 ················ 59
194. 죽을 날을 알기에 ················ 65
195. 어차피 전해질 일인데 ················ 70
196. 바로 지금 ················ 73
197. 공자의 실패담 ················ 76

目次 Contents

【 다케토리모노가타리 竹取物語 】

1. 출생의 비밀 ·· 84
2. 온통 소문이 자자한데 ····································· 87
3. 보다보다 못해서 ·· 88
4. 가구야히메가 원하는 것은 ······························· 93
5. 창피한 줄도 모르고 - 첫 번째 도전자 ················ 96
6. 미리 짜놓고 - 두 번째 도전자 ·························· 99
7. 거짓말 대잔치 ·· 102
8. 들통나버린 계략 ··· 109
9. 마침 부탁할 곳이 있어서 - 세 번째 도전자 ········ 113
10. 활활 불타오르니 ··· 117
11. 일단 아랫사람에게 시켜보고 - 네 번째 도전자 ·· 121
12. 몸소 겪어보니 ·· 125
13. 명을 거역해준 고마움에 ······························· 130
14. 자안패를 구하는 방법 - 다섯 번째 도전자 ········ 132
15. 몸소 찾아 나섰다가 낙상 ······························ 136
16. 소문을 듣고 사람을 보낸 천자 ······················· 140
17. 몸소 찾아가 만난 천자 ································· 146
18. 빈손으로 돌아간 천자 ·································· 148
19. 실은 달나라 사람인데 ·································· 150

目次 Contents

20. 천자의 귀에 들어갔으니 ·· 155
21. 가야만 한다니 ·· 157
22. 하늘로 올라가며 ·· 161
23. 후지산에 올라 ·· 168

【오토기조시 御伽草子 ①】

1. 복덩이 이야기 ·· 172

일러두기

1. 본서는 13세기 초 성립한 것으로 추정되는 설화집인 『우지슈이모노가타리(宇治拾遺物語)』와 10세기 무렵 성립으로 추정되는 설화인 『다케토리모노가타리(竹取物語)』, 그리고 18세기 초엽 간행된 단편 이야기집인 『오토기조시(御伽草子)』의 일본어 옛글을 한국어로 대역한 책이다.
2. 기본 텍스트로는 『日本古典文学全集28 宇治拾遺物語』(小学館, 1973년)과 『日本古典文学全集8 竹取物語』(小学館, 1972년), 『日本古典文学全集36 御伽草子集』(小学館, 1974년)을 쓴다.
3. 『日本古典文学全集28 宇治拾遺物語』는 고바야시 도모아키(小林智昭)가 일본어 옛글을 교정하여 활자화하고, 거기에 주석과 현대일본어역을 붙이는 형식으로 구성되어 있다. 그리고 『竹取物語』는 가타기리 요이치(片桐洋一)의 교주와 현대어역으로, 마지막 『御伽草子』는 오시마 다테히코(大島建彦)의 교주와 현대어역으로 구성된다. 이하 각 텍스트의 일본어 옛글을 〈원문〉이라고 부른다.
4. 본서에서는 먼저 『宇治拾遺物語』〈원문〉의 총 197개 이야기 가운데 181번째 이야기에서 마지막 이야기까지 대역하고, 다음으로 『竹取物語』는 전체를 대역한다. 또한 『御伽草子』는 첫 번째 에피소드인 「분쇼소시(文正草子)_복덩이 이야기」를 대역한다.
5. 본서에서는 한국어 대역문을 상단에, 〈원문〉을 하단에 각주 형태로 교차 제시한다.
6. 일본어 옛글의 가나표기법이나 한자 등은 기본적으로 〈원문〉에 따른다.
7. 〈원문〉에는 모든 한자에 읽기가 부기되어 있지는 않은데, 편의를 위해 〈역사적가나표기법〉에 준하여 이를 모두 붙여넣는다.
8. 〈원문〉을 한국어로 대역할 때는 일본어의 모든 문법 형식을 빠짐없이 반영하도록 힘쓰고, 다소 어색한 부분이 있더라도 가급적 어순을 그대로 유지하며 축어역을 지향한다.
9. 〈원문〉을 제외하고 단어의 뜻을 풀이하는 등 각주를 추가할 필요가 있을 때는 사전적 방식으로 기술하며, 각종 문법 형식에 관한 언급은 지양한다.
10. 일본어 단어의 뜻풀이는 주로 『広辞苑』(제6판)과 『日本国語大辞典』(제2판)을 참조한다. 또한 한국어의 경우 국립국어원에서 제공하는 〈표준국어대사전〉의 검색 결과를 활용한다.
11. 지명 소개 등 간략한 추가 설명이 필요한 경우 대역문 안에서 괄호를 치고 짧게 풀이한다.

우지슈이모노가타리
宇治拾遺物語 ④

181. 하필이면 소리가 같아서[1]

이것도 지금은 옛날, 시라카와 덴노(白河天皇)[2]가 양위하고 난 시절이었다.[3]

궁중 깊은 곳에 자리한 궁녀가 기거하는 방에, 재주가 출중한 여인이 있었다.[4] 이름을 로쿠(六)라고 했다.[5]

당상관들을 대접하며 흥을 돋우는 일을 하고 있었는데,[6] 비가 추적추적 내리고 무료하기만 했던 어느 날에,[7] 어떤 사람이 "로쿠를 불러내서 무료함을 달래야겠다."라고 했다.[8]

이에 심부름꾼을 보내 "로쿠를 불러오거라."라고 했더니,[9] 얼마 지나지 않아 "로쿠를 모셔왔습니다."라고 했다.[10]

그러자 "저쪽 편에 있지 말고 안채 사랑방 쪽으로 데리고 오거라."라고 했다.[11]

---

1) 『日本古典文学全集』[14巻7]「北面の女雑仕六の事」(궁중 깊은 곳의 궁녀 로쿠에 관한 일)
2) 「白河天皇(しらかわてんのう)」는 제72대 덴노(天皇)다. 1086년 어린 호리카와 덴노(堀河天皇)에게 양위한 이후에도 상황(上皇)으로서 원정(院政)을 펼쳤다. 1097년에는 출가하여 법황(法皇)이 된다.(1053-1129)
3) これも今は昔、白河院の御時、
4) 北面の曹司に、うるせき女ありけり。
5) 名をば六とぞいひける。
6) 殿上人どももてなし興じけるに、
7) 雨うちそほ降りて、つれづれなりける日、
8) ある人、「六呼びてつれづれ慰めん」とて、
9) 使をやりて、「六呼び来」といひければ、
10) 程もなく、「六召して参りて候」といひければ、
11) 「あなたより内の出居の方へ具して来」といひければ、

이에 가신이 나가서 "이리로 드십시오."라고 했다.12)

그런데 "가당치 않습니다."라는 식으로 말하니,13)

가신이 돌아와서 "모시러 갔더니 '가당치 않습니다.'라고 하며, 몸 둘 바를 몰라 하고 있었습니다."라고 했다.14)

이를 그저 사양하여 말하는 것으로 여겨,15)

"어찌 그리 말하느냐? 그냥 어서 들어라."라고 했지만,16)

"뭔가 잘못된 일인 듯싶사옵니다.17)

앞서도 안채나 사랑방 같은 곳으로 드는 일도 없었습니다만."이라고 했다.18)

그러자 거기에 잔뜩 모여 있던 사람들이,

"그냥 오시게. 볼일이 있어 그러지 않겠나."라고 다그쳤다.19)

이에 "난처하기 짝이 없어 황송하옵니다만, 부르심이 있기에."라며 가까이 들어온다.20)

이를 그 집의 주인이 가만히 살펴보니, 형부(刑部_재판이나 처벌을 관장한 관청)의 로쿠(錄_말단 관직_로쿠[六]라는 궁녀의 이름과 발음이 같다)인 벼슬아치인데, 살쩍과 수염에 백발이 뒤섞여 있는 사람이,21) 속새 빛깔의 평상복에 푸른 빛 아랫도리를 입은 사람이,22)

---

12) 侍出で来て、「こなたへ参り給へ」といへば、
13) 「便なく候」などいへば、
14) 侍帰り来て、「召し候へば、『便なく候』と申して、恐れ申し候なり」といへば、
15) つきみていふにこそと思ひて、
16) 「などかくはいふ。ただ来」といへども、
17) 「僻事にてこそ候らめ。
18) 先々も内、御出居などへ参る事も候はぬに」といひければ、
19) この多く居たる人々、「ただ参り給へ。やうぞあるらん」と責めければ、
20) 「ずちなき恐に候へども、召しにて候へば」とて参る。
21) この主見やりたれば、刑部録といふ庁官、鬢、鬚に白髪交りたるが、

더없이 단정하게, 사각사각 옷자락 끄는 소리를 내며,23) 부채를 홀처럼 쥐고, 몸을 조금 앞으로 숙이고서, 웅크리고 앉아 있었다.24)

당최 뭐라 해야 좋을지도 모르겠기에 아무 말도 꺼내지 않으니,25) 그 벼슬아치는 더더욱 몸 둘 바를 몰라, 조아리고만 있다.26)

그러니 주인 된 처지에, 그렇다고 그리 가만 내버려 둘 수도 없는 노릇이기에,27)
"여봐라, 관청에는 또 누가 있느냐?"라고 묻자,28)
"아무개, 거시기."라고 한다.29)

도무지 앞뒤가 들어맞는 것으로도 생각되지 않았지만, 말단 벼슬아치는 뒷걸음질 쳐서 슬그머니 물러난다.30)

그 주인은 "저처럼 출사하는 것은 참으로 신묘한 일이다.31) 윗분을 알현할 때가 되면 반드시 자리에 끼워주도록 하겠다. 어서 돌아가거라."라는 말만 하고서 보내주었다.32)

이 이야기를 궁녀인 그 로쿠(六)가 나중에 듣고서 박장대소했다나 뭐라나.33)

---

22) とくさの狩衣に青袴着たるが、
23) いとこうるはしく、さやさやとなりて、
24) 扇を笏に取りて、少しうつぶして、うづくまり居たり。
25) 大方いかにいふべしとも覚えず、物もいはれねば、
26) この庁官、いよいよ恐れかしこまりて、うつぶしたり。
27) 主、さてあるべきならねば、
28) 「やや、庁にはまた何者か候」といへば、
29) 「それがし、かれがし」といふ。
30) いとげにげにしくも覚えずして、庁官、後ざまへすべり行く。
31) この主、「かう宮仕するこそ神妙なれ。
32) 見参には必ず入れんずるぞ。とうまかりね」とこそやりけれ。
33) この六、後に聞て笑ひけるとか。

182. 대꾸할 거리도 아니라며[1]

이것도 지금은 옛날, 쇼렌인(青蓮院_교토[京都]시 히가시야마[東山]구에 있는 천태종[天台宗]의 사찰)의 좌주(座主)[2]가 기거하는 곳에, 시치노미야(七宮)[3]께서 건너오셨다.[4]

무료하심을 달래드리기 위함이라며,[5] 젊은 승강(僧綱)과 직분을 맡은 승려들이, 밤새워[6] 즐기고 있었다.[7]

그런데 명문가의 자제[8] 가운데 더없이 밉상인 사람이, 술병을 들고 이리저리 돌아다니고 있었다.[9]

---

1) 『日本古典文学全集』[14巻8]「仲胤僧都連歌の事」(추인 승도의 노래에 관한 일)
2) 『全集』에 따르면 이는 간빠쿠(関白)인 후지와라노 모로자네(藤原師実_1042-1101)의 아들 교겐(行玄_1097-1155)이라고 한다. 참고로「座主(ざす)」는 학문과 덕행에 모두 출중한 그 자리에서 으뜸인 승려를 가리킨다.
3) 『全集』에 따르면 이는 도바 덴노(鳥羽天皇_제74대, 1103-1156)의 일곱 번째 아들인 가쿠카이 홋신노(覚快法親王_1134-1181)를 가리키며, 위 교겐(行玄)의 제자라고 한다.
4) これも今は昔、青蓮院の座主のもとへ、七宮渡らせ給ひたりければ、
5) 御つれづれ慰め参らせんとて、
6) 원문의「庚申(こうしん)」은「庚申待(こうしんまち) : 경신(庚申) 밤에, 불가(仏家)에서는 제석천(帝釈天) 및 청면금강(青面金剛)을, 신도(神道)에서는 사루타히코(猿田彦)를 제사하여, 밤새도록 깨어있는 습속. 그날 밤에 잠들면 사람 몸에 있는 세 마리 벌레가 지은 죄를 상제(上帝)에게 고한다고도, 명을 줄인다고도 한다. 중국 도교(道教)의 수경신(守庚申)에서 유래한 금기로, 헤이안(平安)시대에 전해져 에도(江戸)시대에 성행했다.」(広辞苑)으로 봐야겠다. 참고로「경신수야(庚申守夜) : 섣달 중의 경신에 해당하는 날 밤에 밤을 새우는 일. 도교에서 나온 풍습으로, 복을 얻는다 하여 행한다.」(표준국어대사전)
7) 若き僧綱、有職など、庚申して遊びけるに、
8) 원문의「上童(うえわらわ)」는「童殿上(わらわてんじょう) : 헤이안 시대 이후 궁중의 예의범절을 보고 배우기 위해, 명문가의 자제가 궁에 출사한 일이나 그 자제.」(広辞苑)와 같은 말이다.
9) 上童のいと憎さげなるが、瓶子取などしありきけるを、

그 모습을 보고, 어떤 승려가 가만히,10)

〈도련님은요 동자승만 하지도 아니하네요〉11)

라고 주고받는 노래12)의 첫 구절을 지어 읊조렸다.13)

이에 거기 있던 사람들이 한동안 (어떻게 대구를 붙일지) 궁리하고 있었다.14)

그런데 추인(仲胤) 승도(僧都)가 그 자리에 함께 있었다.15)

그가 "아이고, 나는, 벌써 붙였소이다."라고 했기에,16)

젊은 승려들은 추인이 어찌 붙였는지, 그 얼굴을 뚫어져라 쳐다보고 있었다. 추인은,17)

〈기온(祇園)에서의 법회18) 기다리고 있을 뿐〉19)

이라고 붙였다.20)

이를 듣고서 각자 "이 노래는 어떻게 대구로 붙인 걸까?"라며,21) 목소리를 낮춰 소곤거리고 있었는데, 그걸 추인이 듣고서,22)

---

10) ある僧忍びやかに、

11) 〈うへわらは大童子にも劣りたり〉

12) 원문의 「連歌(れんが)」는 5・7・5・7・7이라는 와카(和歌)의 기본형식을 두 사람이 교차로 응답하여 읊는 시가(詩歌)의 일종이다. 보통 위의 5・7・5와 아래 7・7을 나누어 짓게 된다. 어떤 승려가 읊었다는 위 노래는 5・7・5의 자구로 이루어져 있고, 아래에 추인이 읊었다는 노래는 7・7에 해당한다.

13) と連歌にしたりけるを、

14) 人々暫し案ずる程に、

15) 仲胤僧都、その座にありけるが、

16) 「やや、胤、早うつきたり」といひければ、

17) 若き僧たち、いかにと、顔をまもり合ひ待りけるに、仲胤は、

18) 「祇園会(ぎおんゑ)」는 교토(京都)에 있는 야사카(八坂) 신사(神社)에서 행해지는 제례로, 기간은 옛날에는 6월 7일에서 14일 사이, 지금은 7월 17일에서 24일까지다.

19) 〈祇園の御会を待つばかりなり〉

20) とつけたりけり。

21) これをおのおの、「この連歌はいかにつきたるぞ」と、

"아이고, 너희들아, 주고받는 노래조차 붙일 수 없다고 붙인 것이니라."라고 했다.[23]
그 이야기를 전해 들은 사람들이, 한꺼번에 푸하하 하고 박장대소했다나 뭐라나.[24]

---

[22] 忍びやかに言ひ合ひけるを、仲胤聞きて、
[23] 「やや、わたう、連歌だにつかぬとつきたるぞかし」といひたりければ、
[24] これを聞き伝へたる者ども、一度にはつと、とよみ笑ひけりとか。

183. 나야 어찌 되던지[1]

    이것도 지금은 옛날, "달이 대장별을 범한다."라고 하는 점괘를 위에 올렸다.[2]
    이를 받아서 "근위대[3] 대장(大将)께서 엄중하게 삼가셔야 옳겠습니다."라고 하여,[4] 오노노미야(小野宮)[5] 우대장(右大将)은 갖가지로 기도를 올렸는데,[6] 가스가신사(春日神社_나라[奈良]시 가스가[春日]산 서쪽 기슭에 있는 신사)와 야마시나데라(山階寺_나라[奈良]시에 있는 법상종[法相宗]의 대본산으로 고후쿠지[興福寺]의 옛 이름) 등에도 기도를 수도 없이 올리셨다.[7]
    그때 좌대장(左大将)은 비와(枇杷) 좌대장 나카히라(仲平)라고 하는 분이셨다.[8]
    그런데 도다이지(東大寺_나라[奈良]시에 있는 화엄종[華厳宗]의 대본산)에 있는 호조(法蔵) 승도는, 이 좌대장의 기도를 도맡아 하는 승려다.[9]
    그러니 분명 기도 올리신다는 소식이 있을 거라며 기다리고 있는데, 아무런 소식도

---

1) 『日本古典文学全集』[14巻9] 「大将つつしみの事」(대장이 삼간 일)
2) これも今は昔、「月の大将星をおかす」といふ勘文を奉れり。
3) 원문의 「近衛(このえ)」는 옛날에 무기를 차고 궁을 경비하고, 조정의식 때에는 줄지어 서서 위용을 선보이는 한편 행행(行幸)에 동행하며 경비한 무관(武官)의 부(府)를 가리킨다.
4) よりて、「近衛大将重く慎み給ふべし」とて、
5) 헤이안(平安) 중기 귀족으로 가인(歌人)으로도 유명한 후지와라노 사네요리(藤原実頼)(900-970)가 오노노미야(小野宮) 대신(大臣)이라고 불렸다. 교토(京都) 오이미카도(大炊御門)의 남쪽, 가라스마루(烏丸)의 서쪽에 있으며, 원래 고레타카 신노(惟喬親王_小野宮)의 저택이었다.
6) 小野宮右大将はさまざまの御祈どもありて、
7) 春日社、山階寺などにも御祈あまたせらる。
8) その時の左大将は、枇杷左大将仲平と申す人にてぞおはしける。
9) 東大寺の法蔵僧都は、この左大将の御祈の師なり。

없으시기에,10) 걱정스러운 마음에 도읍으로 올라가서, 비와 나리의 저택으로 찾아갔다.11)

이를 나리가 맞이하셔서는 "무슨 일로 올라오셨나?"라고 말씀하셨다.12)

이에 승도가 아뢰길,

"나라(奈良)에서 듣자 하니, 좌우 대장께서 삼가셔야 옳겠다고,13) 천문박사가 점괘를 냈다고 하여,14) 우대장 나리는 가스가신사와 야마시나데라 등지에 기도를 갖가지로 올리셨기에,15) 나리로부터도 분명 말씀이 있을 줄로 생각하여 살피고 있었습니다.16) 그런데 '그런 일을 하나도 듣지 못했습니다.'라고 모두 입을 모아 이야기하기에,17) 걱정스러운 마음이 들어서 찾아뵈러 온 것입니다.18) 역시 기도 올리심이 좋겠습니다."라고 아뢰었다.19)

이를 듣고 좌대장이 말씀하시길,

"너무나도 지당한 일이오.20) 하지만 내가 생각하기에는, 대장이 삼가야 한다고 하는 모양인데,21) 나까지도 삼간다면 우대장을 위해서는 나쁜 일이기도 하오.22) 그 대장은

---

10) 定めて御祈の事ありなんと待つに、音もし給はねば、
11) おぼつかなきに京に上りて、枇杷殿に参りぬ。
12) 殿あひ給ひて、「何事にて上られたるぞ」とのたまへば、
13) 僧都申しけるやう、「奈良にて承れば、左右大将慎み給ふべしと、
14) 天文博士勘へ申したりとて、
15) 右大将殿は、春日社、山階寺などに御祈さまざまに候へば、
16) 殿よりも、定めて候ひなんと思ひ給へて、案内つかうまつるに、
17) 『さる事も承らず』と、皆申し候へば、
18) おぼつかなく思ひ給へて、参り候ひつるなり。
19) なほ御祈候はんこそよく候はめ」と申しければ、
20) 左大将のたまふやう、「もとも然るべき事なり。
21) されどおのが思ふやうは、大将の慎むべしと申すなるに、
22) おのれも慎まば、右大将のために悪しうもこそあれ。

학식도 빼어나시오.23) 나이도 젊소.24) 앞으로도 오랫동안 조정에서 일해야 할 사람이오.25) 하지만 나로 보자면 그런 재주도 없소.26) 나이도 늙었고,27) 어떻게 되던 대수겠는가 싶기에 기도하지 아니하는 것이오."라고 말씀하셨다.28)

그러자 승도는 뚝뚝 눈물을 흘리며,

"백만 가지 기도보다 낫습니다.29) 이러한 마음가짐이라면 일이 벌어질 염려도 전혀 없을 겁니다."라고 하며 돌아갔다.30)

그러니 정말로 별 탈 없이, 대신(大臣) 자리에도 올라, 나이 일흔 너머까지 잘 계셨다.31)

---

23) かの大将は、才もかしこくいますかり。
24) 年も若し。
25) 長くおほやけにつかうまつるべき人なり。
26) おのれにおきては、させる事もなし。
27) 年も老いたり。
28) いかにもなれ、何条事かあらんと思へば、祈らぬなり」とのたまひければ、
29) 僧都ほろほろとうち泣きて、「百万の御祈にまさるらん。
30) この御心の定にては、ことの恐り更に候はじ」といひてまかでぬ。
31) されば実に事なくて、大臣になりて、七十余までなんおはしける。

184. 개는 영물이니[1]

지금은 옛날, 후지와라노 미치나가(藤原道長)[2] 나리가, 호죠지(法成寺)를 건립하신 이후로는,[3] 날마다 불당으로 찾아오셨다.[4]

그런데 흰 개를 너무나 아껴 키우고 계셨는데, 항상 가까이에서 떨어지지 아니하고 함께 움직였다.[5]

어느 날 여느 때와 마찬가지로 하나로 움직이고 있었는데, 문을 들어가려고 하시니,[6] 그 개가 앞서서 가로막듯이 돌아가서는, 안으로 들이지 않으려는 듯 애를 썼다.[7]

이에 "별일이야 있겠나?"라며 탈것에서 내려서 들어가려고 하시니,[8] 옷소매를 물고서 멈춰 세우려고 했다.[9]

그러자 "무슨 까닭이 있겠지."라며 걸상을 들이게 하여 걸터앉아서,[10] 세이메이(晴明

---

1) 『日本古典文学全集』[14巻10]「御堂関白の御犬晴明等奇特の事」(후지와라노 미치나가 간빠쿠가 기르는 개를 세이메이가 기특해한 일)
2) 〈원문〉의 「御堂(みどう)」는 불상을 안치한 당을 가리키는데, 〈法成寺(ほうじょうじ)〉를 달리 부르는 이름이기도 하다. 「御堂関白」는 섭정(摂政)과 태정대신(太政大臣)을 역임한 후지와라노 미치나가(藤原道長)(966-1027)를 가리키는데, 바로 이 사찰로 출가했다고 한다.
3) 今は昔、御堂関白殿、法成寺を建立し給ひて後は、
4) 日ごとに、御堂へ参らせ給ひけるに、
5) 白き犬を愛してなん飼はせ給ひければ、いつも御身を離れず御供しけり。
6) ある日例のごとく御供しけるが、門を入らんとし給へば、
7) この犬御さきに、塞がるやうにまはりて、内へ入れ奉らじとしければ、
8) 「何条」とて、車より降りて入らんとし給へば、
9) 御衣の裾をくひて、引きとどめ申さんとしければ、

_헤이안[平安]시대를 대표하는 음양가[陰陽家])에게 "서둘러 이리로 오너라."라고 전갈하게 보냈기에, 세이메이가 곧바로 찾아왔다.11)

"이런 일이 있는데 어떠한가?"라고 물으셨다.12)

이에 세이메이가 잠시 점을 치고 나서 아뢰길,13)

"이는 주군을 저주해 올리는 물건을, 길에 묻어둔 것입니다.14) 그걸 그냥 넘어가셨다면 해를 입으셨을 것입니다.15) 개는 신통력이 있는 영물이라서, 고해 올렸던 것입니다."라고 아뢰었다.16)

"그렇다면 그건 어디에 묻혀 있느냐? 찾아내거라."라고 하시니,17)

"손쉬운 일입니다."라고 하고, 잠시 점을 치고는,18)

"여기에 있습니다."라고 이른 곳을 파게 하여 살펴보셨다.19)

그렇게 땅을 다섯 척 남짓 팠더니 생각했던 대로 무슨 물건이 있었다.20) 흙으로 빚은 그릇을 두 개 겹쳐 놓고, 누런 종이를 비비 꼬아 열십자 모양으로 얽어놓았다.21) 그 그릇을 펼쳐서 살펴보니 안에는 아무것도 없다.22) 진사(辰砂)로 한 글자를 그릇 바

---

10) 「いかさま様ある事ならん」とて、榻を召し寄せて、御尻を掛けて、
11) 晴明に、「きと参れ」と、召しに遣はしたりければ、晴明則ち参りたり。
12) 「かかることのあるはいかが」と尋ね給ひければ、
13) 晴明、暫し占ひて申しけるは、
14) 「これは君を呪咀し奉りて候物を、道に埋みて候。
15) 御越あらましかば、悪しく候べき。
16) 犬は通力のものにて、告げ申して候なり」と申せば、
17) 「さてそれはいづくにか埋みたる。あらはせ」とのたまへば、
18) 「やすく候」と申して、暫し占ひて、
19) 「ここにて候」と申す所を、掘らせて見給ふに、
20) 土五尺ばかり掘りたりければ、案のごとく物ありけり。
21) 土器を二つうち合せて、黄なる紙捻にて十文字にからげたり。
22) 開いて見れば、中には物もなし。

닥에 적어 놓았을 뿐이다.23)

"이는 세이메이가 아니면 풀이할 사람이 없습니다.24) 혹시 도마(道摩) 법사가 저지른 일일까요?25) 살펴보도록 하겠습니다."라며 품속에서 종이를 꺼내 들었다.26)

그걸 새 모양으로 접고서, 주술을 왼 다음에,27) 하늘로 던져올렸더니, 순식간에 백로가 되어, 남쪽을 향해 날아갔다.28)

"이 새가 자리 잡는 곳을 보고 오너라."라며 아랫사람을 보냈더니,29) 로쿠죠(六条_헤이안쿄[平安京]를 동서로 가르는 큰길) 보몬(坊門_헤이안쿄의 니죠[二条] 큰길 이남을 동서로 가르는 길)과 마데노고지(万里小路_헤이안쿄 사쿄[左京]의 남북으로 가르는 길) 언저리에 있는, 낡아빠진 집의 여닫이문 안쪽에 자리를 잡았다.30)

바로 그 집의 주인이 늙은 법사였는데, 붙들어서 끌고 왔다.31)

그에게 저주를 내린 까닭을 물으시니,32)

"호리카와(堀川) 사다이진(左大臣) 아키미쓰(顯光) 공(公)의 말씀을 받아 저지른 일입니다."라고 아뢰었다.33)

"그러니 유배를 보내야 마땅하겠지만, 이는 도마(道摩)의 잘못이 아니다."라며,34)

---

23) 朱砂にて一文字を土器の底に書きたるばかりなり。
24) 「晴明が外には知りたる者候はず。
25) もし道摩法師や仕りたるらん。
26) 糺して見候はん」とて、懐より紙を取り出し、
27) 鳥の姿に引き結びて、呪を誦じかけて、
28) 空へ投げ上げたれば、たちまちに白鷺になりて、南をさして飛び行きけり。
29) 「この鳥の落ちつかん所を見て参れ」とて、下部を走らするに、
30) 六条坊門万里小路辺に、古りたる家の諸折戸の中へ落ち入りにけり。
31) 則ち家主、老法師にてありける、からめ取りて参りたり。
32) 呪咀の故を問はるるに、
33) 「堀川左大臣顕光公のかたりを得て仕りたり」とぞ申しける。
34) 「この上は、流罪すべけれども、道摩が科にはあらず」とて、

"앞으로 이런 짓을 저질러서는 아니 된다."라며 고향인 하리마(播磨_현재 효고[兵庫]현 남서부의 옛 지역명)로 쫓아버리셨다.35)

그 아키미쓰 공은 사후에 원령이 되어, 후지와라노 미치나가(藤原道長) 나리 가까이에서 저주를 퍼부은 것이었다.36)

악령좌부(悪霊左府)라고 이름 붙였다나 뭐라나.37)

한편 기르던 개는 더더욱 사랑스러워하셨다는 이야기다.38)

---

35) 「向後、かかるわざすべからず」とて、本国播磨へ追ひ下されにけり。
36) この顕光公は、死後に怨霊となりて、御堂殿辺へは祟をなされけり。
37) 悪霊左府と名づく云々。
38) 犬はいよいよ不便にせさせ給ひけるとなん。

185. 하마터면 웃다가 숨넘어갈 뻔1)

　　이것도 지금은 옛날, 단고(丹後_교토[京都]부[府] 북부 지역) 지방 전임 태수인 다카시나 슌페이(高階俊平)라고 하는 사람이 있었다.2) 나중에는 법사(法師)가 되어, 단고(丹後) 스님이라고 했다.3)

　　그의 동생으로 벼슬도 없이 지내는 사람이 있었다.4)

　　그가 주군과 더불어 지방으로 내려가서, 쓰쿠시(筑紫_규슈[九州]의 옛 이름)에 머물고 있을 무렵에,5) 새로이 건너온 당나라 사람으로, 점술에 쓰는 산가지를 대단히 잘 놓는 사람이 있었다.6)

　　바로 그를 만나서 "산가지 놓는 법을 배웠으면 합니다."라고 했다.7)

　　그런데 처음에는 마음에도 담아두지 아니하고, 가르쳐주지도 않았지만, 그래도 한동안 곁에 두고 지켜보고 있었다.8)

　　그러다가 "당신은 대단히 산가지를 잘 놓을 법하오.9) 하지만 여기 일본에 머물러서

---

1) 『日本古典文学全集』 [14巻11] 「高階俊平が弟の入道、算術の事」(다카시나 슌페이의 동생인 스님의 산가지 술법에 관한 일)
2) これも今は昔、丹後前司高階俊平といふ者ありける。
3) 後には法師になりて、丹後入道とてぞありける。
4) それが弟にて、司もなくてある者ありけり。
5) それが主のともに下りて、筑紫にありける程に、
6) 新しく渡りたりける唐人の、算いみじく置くありけり。
7) それにぞあひて、「算置く事習はん」といひければ、
8) 初は心にも入れで、教へざりけるを、少し置かせて見て、

는 아무 소용이 없소.10) 일본에서 산가지를 놓는 점술은, 너무나도 대접받지 못하는 일이오.11) 나와 더불어 당나라로 건너가겠다고 하면 가르쳐주겠소."라고 했다.12)

이에 "제대로 가르쳐주셔서 그 방면에 트이기라도 한다면, 말씀대로 따르겠습니다.13) 당나라에 건너간다고 해도 쓰이기만 한다면야,14) 말씀에 따라서 당나라에도 더불어 가겠습니다."라는 식으로 번지르르하게 말했다.15)

그러자 그 말에 홀려서 정성을 담아 가르쳐주었다.16)

가르침에 따라, 하나를 들으면 열을 알게 되었기에,17) 당나라 사람도 대단히 총애했다.18)

그리고 "우리나라에 산가지를 놓는 사람이 많기는 하지만, 너만큼 이 방면에 정통한 사람은 없었다.19) 무슨 일이 있어도 나와 더불어 당나라로 건너가거라."라고 했다.20)

이에 "지당합니다. 말씀에 따르겠습니다."라고 하며 함께 지내고 있었다.21)

"이 산가지의 점술에는 병든 사람을 낫게 만드는 술법도 있다.22) 또한 병들지 않았

---

9) 「いみじく算置きつべかりけり。
10) 日本にありては何にかはせん。
11) 日本に算置く道、いとしもかしこからぬ所なり。
12) 我に具して唐に渡らんといはば、教へん」といひければ、
13) 「よくだに教へて、その道にかしこくだにもなりなば、いはんにこそ随はめ。
14) 唐に渡りても、用ひられてだにありぬべくは、
15) いはんに随ひて、唐にも具せられて行かん」なんど、ことよくいひければ、
16) それになん引かれて、心に入れて教へける。
17) 教ふるに随ひて、一事を聞きては、十事も知るやうになりければ、
18) 唐人もいみじく愛でて、
19) 「我が国に算置く者は多かれど、汝ばかりこの道に心得たる者はなきなり。
20) 必ず我に具して唐へ渡れ」といひければ、
21) 「更なり。いはんに随はん」といゐけり。
22) 「この算の道には、病する人を置きやむる術もあり。

는데, 언짢거나, 원망스럽게 생각하는 사람을,23) 그 자리에서 곧바로 산가지를 놓아 죽이는 술법 같은 것도 있다는 사실까지도 하나도 아낌없이 숨기려 하지 아니한다.24) 온 정성을 다해 전수하고자 한다.25) 그러니 반드시 나와 더불어 가겠다고 하는 서약을 해라."라고 했다.26)

그런데 제대로 확실하게는 서약하지 아니하고, 조금은 얼버무려 서약하거나 했다.27)

이에 "이제 나머지 사람을 죽이는 술법은 당나라로 건너가는 배 안에서 전하겠다."라고 하고,28) 다른 술법들은 모두 제대로 가르쳐주었지만, 오직 그것만은 미뤄두고 가르쳐주지 않았다.29)

그렇게 지내다가 열심히 익혀 모두 전해 받고 말았다.30)

그런데 갑작스럽게 그의 주군에게 일이 생겨서 도읍으로 올라가는데, 그와 함께 올라가게 되었다.31)

그 이야기를 당나라 사람이 듣고는 그를 가로막았다.32)

하지만 "어찌 오랫동안 모셔온 주군에게 그러한 일이 생겨서 갑작스럽게 올라가시는데, 보내드리는 일에 함께하지 않을 수 있겠습니까?33) 부디 이해해주십시오. 약속

---

23) また病せねども、憎し、妬しと思ふ者を、
24) 立ち所に置き殺す術などあるも、更に惜み隠さじ。
25) ねんごろに伝へんとす。
26) たしかに我に具せんといふ誓事立てよ」といひければ、
27) まほには立てず。少しは立てなどしければ、
28) 「なほ人殺す術をば、唐へ渡らん舟の中にて伝へん」とて、
29) 異事どもをば、よく教へたりけれども、その一事をば控へて、教へざりけり。
30) かかる程に、よく習ひ伝へてけり。
31) それにはにはかに主の事ありて上りければ、その供に上りけるを、
32) 唐人聞きてとどめけれども、

은 반드시 어기지 않겠습니다."라고 둘러댔다.34)

그러자 그도 그럴싸하다고 당나라 사람이 생각하여, "그렇다면 반드시 돌아와라.35) 오늘 내일이라도 당나라로 돌아가려 생각하지만,36) 네가 돌아올 것을 기다렸다가 건너가겠다."라고 했다.37)

이에 약조를 굳게 맺고 도읍으로 올라갔다.38)

세상이 흉흉한지라, 가만히 당나라에라도 건너가면 좋으려나 생각했지만,39) 도읍으로 올라가고 보니, 친한 사람들도 뜯어말리고,40) 슌페이(俊平) 스님까지 듣고서 가로막았기에, 쓰쿠시(筑紫)에조차 내려가지 못하게 되고 말았다.41)

그 당나라 사람은 한동안은 기다리고 있었지만, 아무런 소식도 없었기에,42) 일부러 심부름꾼을 보내서 편지로 적은 못마땅해하는 이야기를 전했다.43)

하지만 "나이 늙은 부모가 있는데, 오늘일지 내일일지도 모르기에,44) 부모가 어찌되는지 끝까지 지켜본 연후에 내려가고자 생각합니다."라고 전언하고서,45) 끝내 내려가지 않게 되었기에, 한동안은 그렇게 기다렸지만,46) 꾸며댄 일이었구나 하고 생각하

---

33) 「いかで年比の君の、かかる事ありて、にはかに上り給はん、送りせではあらん。
34) 思ひ知り給へ。約束をば違ふまじきぞ」などすかしければ、
35) げにと唐人思ひて、「さは必ず帰りて来よ。
36) 今日明日にても唐へ帰らんと思ふに、
37) 君の来たらんを待ちつけて、渡らん」といひければ、
38) その契を深くして、京に上りにけり。
39) 世中のすさまじきままには、やをら唐にや渡りなましと思ひけれども、
40) 京に上りにければ、親しき人々にいひとどめられて、
41) 俊平入道など聞きて、制しとどめければ、筑紫へだにえ行かずなりにけり。
42) この唐人は暫しは待ちけるに、音もせざりければ、
43) わざと使おこせて、文を書きて、恨みおこせけれども、
44) 「年老いたる親のあるが、今日明日とも知らねば、
45) それがならんやう見果てて行かんと思ふなり」といひやりて、

여, 당나라 사람은 제나라로 돌아가며, 왕창 저주를 퍼붓고 가버렸다.47)

애당초 엄청나게 슬기로웠던 사람인데, 당나라 사람에게 저주받고 나서는,48) 너무나도 얼이 빠져서, 제대로 분간도 못 하게 되었기에,49) 어찌할 바를 몰라 하다가 법사가 되고 말았다.50)

출가하여 스님이 된 나으리라고 하여, 흐리멍덩하고, 아무짝에도 쓸모없는 사람으로,51) 형인 슌페이 스님이 있는 곳과 산사 등지를 오가며 지냈다.52)

그러던 어느 날, 젊은 아낙네들이 모여서, 밤을 지새우는 경신(庚申) 날 밤에,53) 그 스님 나으리가 한쪽 구석에 넋이 나간 모습으로 가만히 있었는데,54) 밤이 깊어짐에 따라 졸음이 밀려와서, 그 가운데 젊고, 나서기 좋아하는 아낙이 말했다.55)

"스님 나으리. 이런 사람은 우스갯소리도 잘하는 법이지요.56) 사람들이 웃을 법한 이야기를 해주세요. 웃어서 잠을 깨야겠어요."라고 했다.57)

그러자 스님이 "나는 말이 어눌하고, 사람들이 웃으실만한 이야기는 알지 못합니다.58) 그렇기는 하지만 그냥 웃겠다고만 하면 웃도록 해드립죠."라고 했다.59)

---

46) 行かずなりにければ、暫しこそ待ちけれども、
47) 謀りけるなりけりと思へば、唐人は唐に帰り渡りて、よくのろひて行きにけり。
48) 初はいみじくかしこかりける者の、唐人にのろはれて後には、
49) いみじくほうけて、物も覚えぬやうにてありければ、
50) しわびて、法師になりてけり。
51) 入道の君とて、ほうけほうけとして、させる事なき者にて、
52) 俊平入道がもとと山寺などに通ひてぞありける。
53) ある時、若き女房どもの集りて、庚申しける夜、
54) この入道君、片隅にほうけたる体にて居たりけるを、
55) 夜更けけるままに、ねぶたがりて、中に若く誇りたる女房のいひけるやう、
56) 「入道の君こそ。かかる人はをかしき物語などもするぞかし。
57) 人々笑ひぬべからん物語し給へ。笑ひて目を覚さん」といひければ、
58) 入道、「おのれは口てづづにて、人の笑ひ給ふばかりの物語は、えしり侍らじ。

"이야기는 하지 않겠다 하고, 그저 웃도록 하겠다고 하는 것은, 뭔가 익살 공연60)을 선보이신다는 건가요?61) 그건 분명 이야기보다는 더 나은 것이겠지요."라며 아직 아무것도 하지 않았는데도 웃었다.62)

그러자 "그렇지도 않습니다. 그저 웃도록 하고자 생각할 뿐입니다."라고 했다.63)

이에 "그게 뭐죠? 어서 웃도록 해보세요. 해봐, 해봐."라고 몰아붙였다.64)

그러니 어찌 됐든, 아무거나 가지고 불이 밝은 곳으로 나와서, 무엇 하려나 지켜보니,65) 산가지를 담은 주머니를 펼쳐 풀어놓고 산가지를 주르륵 꺼냈다.66)

그걸 보고서 아낙네들이 "이게 우스꽝스러운 일이란 말인가? 맞나? 어서어서 웃어보자."라는 식으로 키득거렸다.67)

이에 대답도 하지 아니하고, 산가지를 주르륵 놓고 있었다.68)

산가지를 다 놓고 나서, 넓이 일고여덟 푼 남짓한 산가지가 있었는데,69) 그걸 하나 꺼내서 손에 받쳐 들고,70)

"여러분, 그럼 몹시 웃으시다가 힘들어하시지 마시길.71) 이제 웃도록 해드립죠."라

---

59) さはあれども、笑はんとだにあらず、笑はかし奉りてんかし」といひければ、

60) 원문은 「猿楽(さるがく)」인데, 이는 옛날 예능으로, 익살스러운 흉내나 재담이 중심이었다. 스모(相撲)의 연회나 궁중에서 신령하게 여기는 거울을 안치하고 있는 곳인 「内侍所(ないしどころ)」에서 신에 제사할 때 연주하는 무악(舞楽)인 「御神楽(みかぐら)」가 펼쳐진 밤 따위에 공연했다.

61) 「物語はせじ、ただ笑はかさんとあるは、猿楽をし給ふか。

62) それは物語よりはまさる事にてこそあらめ」と、まだしきに笑ひければ、

63) 「さも侍らず。ただ笑はかし奉らんと思ふなり」といひければ、

64) 「こは何事ぞ。とく笑はかし給へ。いづらいづら」と責められて、

65) 何にかあらん、物持ちて、火の明き所へ出で来たりて、何事せんずるぞと見れば、

66) 算の袋を引き解きて、算をさらさらと出しければ、

67) これを見て、女房ども、「これ、をかしき事にてあるかあるか、いざいざ笑はん」など嘲るを、

68) いらへもせで、算をさらさらと置き居たりけり。

69) 置き果てて、広さ七八分ばかりの算のありけるを、

70) 一つ取り出でて、手に捧げて、

고 했다.72)

그러자 "저렇게 산가지를 받쳐 드신 모습이 정말로 우스꽝스럽고 재미있구나.73) 어찌 힘들어할 정도로까지 웃겠는가?"라는 등 이야기 나누고 있었다.74)

그러다가 그 팔 푼 남짓한 산가지를 보태 놓는 것을 보고서,75) 거기에 모여있는 사람들이 죄다 까닭 없이 웃음보가 터지고 말았다.76)

너무 심하게 웃어서, 웃음을 멈추려 해보지만 당해내지 못한다.77)

배 창자가 끊어지는 듯한 심경으로, 죽을 듯이 느껴졌지만,78) 눈물을 흘리며, 어찌할 방도도 없이, 웃음보가 터진 사람들이,79) 아무 말도 하지 못하고, 스님을 향해 손을 비벼댔다.80)

그러자 "그러니까 말하지 않았습니까. 이제 진력날 만큼 다 웃으신 겁니까?"라고 했다.81)

이에 그렇다며 요란을 떨고, 나자빠져서, 웃고 또 웃으며 손을 비벼댔는데, 흠씬 힘들어하게 만들고 나서,82) 놓았던 산가지를 주르륵 무너뜨리니, 바로 웃음이 그치고 말았다.83)

---

71) 「御前たち、さは、いたく笑ひ給ひて、わび給ふなよ。
72) いざ笑はかし奉らん」といひければ、
73) 「その算捧げ給へるこそ、をこがましくてをかしけれ。
74) 何事にてわぶばかりは笑はんぞ」など言ひ合ひたりけるに、
75) その八分ばかりの算を置き加ふると見れば、
76) ある人みなながら、すずろにゑつぼに入りにけり。
77) いたく笑ひて、とどまらんとすれどもかなはず。
78) 腹のわた切るる心地して、死ぬべく覚えければ、
79) 涙をこぼし、すべき方なくて、ゑつぼに入りたる者ども、
80) 物をだにえいはで、入道に向ひて、手を摺りければ、
81) 「さればこそ申しつれ。笑ひ飽き給ひぬや」といひければ、
82) 頷き騒ぎて、伏しかへり、笑ふ笑ふ手を摺りければ、よくわびしめて後に、

"이렇게 조금만 더 했더라면 죽고 말았을 겁니다.84) 달리 이렇게 견디기 어려운 일은 정말 없었어요."라고 한목소리로 이야기했다.85)

웃다가 지쳐서, 한데 모여 드러누워서, 마치 병든 것처럼 신음하고 있었다.86)

그러니 "사람을 산가지를 놓아 죽이고, 또 산가지를 놓아 살리는 술법이 있다고 했던 것까지도,87) 전하여 받았더라면 얼마나 더 좋았으려나."라고 사람들이 수군댔다.88)

산가지 점술은 참으로 두렵기 짝이 없는 것이었다는 이야기다.89)

---

83) 置きたる算をさらさらと押しこぼちたりければ、笑ひさめにけり。
84) 「今暫しあらましかば、死にまなし。
85) またかばかり堪へ難き事こそなかりつれ」とぞ言ひ合ひける。
86) 笑ひ困じて、集り伏して、病むやうにぞしける。
87) かかれば、「人を置き殺し、置き生くる術ありといひけるをも、
88) 伝へたらましかば、いみじからまし」とぞ人もいひける。
89) 算の道は恐ろしき事にぞありけるとなん。

186. 하늘이 도와서[1]

　지금은 옛날, 덴지 덴노(天智天皇_제38대, 626-671)의 자제로 오토모(大友) 황자(皇子)라고 하는 사람이 있었다.[2] 그는 태정대신(太政大臣)에 올라 세상의 정치를 주무르고 있었다.[3]

　그 마음속으로 덴노가 돌아가시면 다음 덴노는 자신이 오를 것으로 생각하고 계셨다.[4]

　한편 기요미하라(清見原)[5] 덴노는 당시는 황태자 자리에 계셨는데, 그러한 낌새를 이미 알아차리고 계셨다.[6]

　그런데 오토모 황자는 당대 정치를 쥐락펴락하고 있었고, 세상의 평판은 물론이고 위세도 등등하다.[7] 그에 비해 나는 황태자로 있으니, 기세도 도무지 거기에 미치지 못한다.[8] 머잖아 위해를 입을 것이라고 두렵게 여기셔서, 덴노가 병환이 들기가 무섭게,[9]

---

1) 『日本古典文学全集』[15巻1]「清見原天皇と大友皇子と合戦の事」(기요미하라 덴노와 오토모 황자가 전쟁한 일)
2) 今は昔、天智天皇の御子に、大友皇子といふ人ありけり。
3) 太政大臣になりて、世の政を行ひてなんありける。
4) 心の中に、御門失せ給ひなば、次の御門には我ならんと思ひ給ひけり。
5) 『全集』에 따르면 이는 제40대인 덴무 덴노(天武天皇, ?-686)라고 한다.
6) 清見原の天皇その時は春宮にておはしましけるが、この気色を知らせ給ひければ、
7) 大友皇子は時の政をし、世のおぼえも威勢も猛なり。
8) 我は春宮にてあれば、勢も及ぶべからず。

"요시노산(吉野山_나라[奈良]현 중부) 깊은 곳으로 들어가서, 법사가 되어버리겠다."라고 하며 몸을 감추셨다.10)

그때 오토모 황자에게 누군가가 아뢰었던 것은,11)

"황태자를 요시노산에 틀어박아 두는 것은, 범에게 날개를 달아 들판에 풀어놓는 것과 매한가지입니다.12) 같은 궁궐 안에 잡아두어야만 뜻대로 하실 수 있을 것입니다."라고 아뢰었다.13)

이에 그도 그럴법한 이야기라고 생각하시어, 군사를 갖추어, 맞이하여 드리는 시늉을 하다가, 죽여 드리고자 꾀하신다.14)

그 오토모 황자의 아내 가운데는 황태자의 따님이 계셨다.15) 그러니 아버지가 죽임 당하실 것을 슬퍼하셔서, 어떻게든 그 일을 아뢰고자 하셨다.16) 하지만 할 수 있는 방도가 없었기에, 너무나도 애태워 하고 계셨다.17)

그러다가 마침 붕어 통구이가 있었는데, 그 뱃속에 작게 글을 적어서 쑤셔 넣어 올리셨다.18)

황태자가 그 글을 보시고서, 그렇지 않아도 두려워하고 있던 차였기에,19) "역시 그

---

9) あやまたれなんと恐り思して、御門病つき給ふ則ち、
10) 「吉野山の奥に入りて、法師になりぬ」といひて、籠り給ひぬ。
11) その時大友皇子に人申しけるは、
12) 「春宮を吉野山に籠めつるは、虎に羽をつけて、野に放つものなり。
13) 同じ宮に据ゑてこそ、心のままにせめ」と申しければ、
14) げにもと思して、軍を整へて、迎へ奉るやうにして、殺し奉んと謀り給ふ。
15) この大友皇子の妻にては、春宮の御女ましければ、
16) 父の殺され給はん事を悲しみ給ひて、いかでこの事告げ申さんと思しけれど、
17) すべきやうなかりけるに、思ひ侘び給ひて、
18) 鮒の包焼のありける腹に、小さく文を書きて、押し入れて奉り給へり。
19) 春宮これを御覧じて、さらでだに恐れ思しける事なれば、

렇군."이라며, 서둘러 아랫사람이 입는 평상복에 겉옷을 걸치시고,20) 짚신을 신고, 궁에 있는 사람들도 모르게,21) 오직 홀몸으로 산을 넘어서, 북쪽을 향해 나아가셨다.22)

 그러다가 야마시로(山城_현재 교토[京都]부 남부의 옛 지역명) 지방 다하라(田原_아이치[愛知]현 남부 지명)라고 하는 곳에, 길도 전혀 모르시기에,23) 대여섯 날씩이나 걷고 또 걸어서 당도하셨다.24)

 그 마을 사람들이, 수상쩍지만, 기품이 대단하게 느껴졌기에,25) 음식을 담는 그릇에 밤을 굽거나 또 찌거나 해서 대접했다.26)

 그 두 가지 밤을 "뜻한 바가 이루어진다면 잘 자라나서 나무가 되거라."라며,27) 외딴 산의 비탈진 곳에 파묻으셨다.28)

 마을 사람들이 그 모습을 보고 기이해하며 표식을 박아 두었다.29)

 그곳을 떠나셔서 시마(志摩_현재 미에[三重]현 동부의 옛 지역명) 지방 쪽으로, 산길을 따라 나아가셨다.30)

 그 지방 사람들이 수상쩍게 여겨 삼가 물으니,31)

 "길을 헤매고 있는 사람이오. 목이 마르구려. 물을 주시오."라고 말씀하셨다.32)

---

20) 「さればこそ」とて、急ぎ下種の狩衣、袴を着給うて、
21) 藁沓をはきて、宮の人にも知られず、
22) ただ一人山を越えて、北ざまにおはしける程に、
23) 山城国田原といふ所へ、道も知り給はねば、
24) 五六日にぞ辿る辿るおはし着きにける。
25) その里人、怪しく、けはひのけだかく覚えければ、
26) 高坏に栗を焼き、またゆでなどして参らせたり。
27) その二色の栗を、「思ふ事かなふべくは、生ひ出でて木になれ」とて、
28) 片山のそへに埋み給ひぬ。
29) 里人これを見て、怪しがりて、標をさして置きつ。
30) そこを出で給ひて、志摩国ざまへ、山に添ひて出で給ひぬ。
31) その国の人怪しがりて、問ひ奉れば、

이에 커다란 두레박에 물을 길어서 대접했기에,33)

기뻐 말씀하시길, "네 일족을 이 지역의 태수로 삼을 것이다."라고 하고 미노(美濃_현재 기후[岐阜]현 남부의 옛 지역명) 지방으로 향하셨다.34)

그 지방의 스노마타라고 하는 나루터에 다다라서, 건널 배도 없기에 우두커니 서 계셨는데,35) 어떤 여인이 커다란 물통에 옷감을 담아 빨래하고 있었다.36)

그 여인에게 "이 나루터를 어떻게든 건너고 싶은데 건네주겠느냐?"라고 말씀하셨다.37)

그러자 여인이 아뢰길 "그저께, 오토모 대신의 사자라고 하는 사람이 와서,38) 나룻배들을 죄다 감춰두고서 가버렸기에,39) 만일 여기를 건네드린다고 하더라도 수많은 나루터를 그냥 지나가실 수 없을 겁니다.40) 그렇게 꾸며둔 일이기에, 이제 금세 병사들이 몰려들 겁니다.41) 어찌 피할 수 있겠습니까?"라고 했다.42)

이에 "그렇다면 어찌해야 좋겠느냐?"라고 하셨다.43)

그러자 여인이 아뢰길 "삼가 뵙기에 보통 사람은 아니신 듯합니다.44) 그러면 숨겨

---

32) 「道に迷ひたる人なり。喉乾きたり。水飲ませよ」と仰せられければ、
33) 大なる釣瓶に、水を汲みて参らせたりければ、
34) 喜びて仰られけるは、「汝が族に、この国の守とはなさん」とて、美濃国へおはしぬ。
35) この国のすのまたの渡に、舟もなくて立ち給ひたりけるに、
36) 女の、大なる舟に布入れて洗ひけるに、
37) 「この渡、何ともして渡してんや」とのたまひければ、
38) 女申しけるは、「一昨日、大友の大臣の御使といふ者来たりて、
39) 渡の舟ども、みな取り隠させて去にしかば、
40) これを渡し奉りたりとも、多くの渡、え過ぎさせ給ふまじ。
41) かく謀りぬる事なれば、今、軍責め来たらんずらん。
42) いかがしてのがれ給ふべき」といふ。
43) 「さてはいかがすべき」とのたまひければ、
44) 女申しけるは、「見奉るやう、ただにはいませぬ人にこそ。

드리겠습니다."라며, 물통을 거꾸로 뒤집어놓고,45) 그 아래에 감춰 드리고서, 위에 옷감을 수북이 쌓아놓고, 물을 길어 빨래하고 있었다.46)

얼마 지나지 않아서 병사 사오백 남짓이 거기에 찾아왔다.47)

여인에게 물어 가로되 "여기에서 누군가 건너갔느냐?"라고 했다.48)

여인이 말하길 "지체가 높은 분이 군사 천 명 남짓 이끌고서 지나가셨습니다.49) 지금은 아마 시나노(信濃_지금의 나가노[長野]현에 해당하는 옛 지역명)에 들어가셨을 겁니다.50) 멋들어진 용과 같은 모습을 한 말을 타고, 하늘을 나는 듯이 지나가셨습니다.51) 이런 적은 군병으로는, 뒤쫓아 따라잡으신다고 하더라도, 거꾸로 모두 죽임을 당하고 말 겁입니다.52) 여기에서 돌아가서 군대를 넉넉히 갖추고서 뒤쫓으시지요."라고 했다.53)

그 말을 듣고서 참으로 그럴싸하다고 여겨, 오토모 황자의 군사들은 발길을 돌려서 떠났다.54)

그러고 나서 그 여인에게 황태자가 말씀하시길,55) "이 부근에서 병사를 모으고자 하는데, 얼마나 나오겠느냐?"라고 물으셨다.56)

이에 여인이 여기저기 뛰어다니며 그 지방의 기둥이 되는 사람들을 불러 모아 설득

---

45) さらば隠し奉らん」といひて、湯舟をうつぶしになして、
46) その下に伏せ奉りて、上に布を多く置きて、水汲みかけて洗ひ居たり。
47) 暫しばかりありて、兵四五百人ばかり来たり。
48) 女に問うて曰く、「これより人や渡りつる」といへば、
49) 女のいふやう、「やごとなき人の、軍千人ばかり具しておはしつる。
50) 今は信濃国には入り給ひぬらん。
51) いみじき龍のやうなる馬に乗りて、飛ぶがごとくしておはしき。
52) この少勢にては、追ひつき給ひたりとも、みな殺され給ひなん。
53) これより帰りて、軍を多く整へてこそ追ひ給はめ」といひければ、
54) まことに思ひて、大友皇子の兵、引き返しにけり。
55) その後、女に仰せられけるは、
56) 「この辺に軍催さんに、出で来なんや」と問ひ給ひければ、

하니,57) 이내 이삼천 명 남짓한 병사가 모여들었다.58)

그들을 이끌고서 오토모 황자를 뒤쫓으셨다.59)

그러다가 오미(近江_현재 시가(滋賀)현의 옛 지역명) 지방 오쓰(大津)라고 하는 곳에서 따라잡아 전투를 벌였다.60)

그 전투에서 황자의 군대가 져서, 뿔뿔이 흩어져 도망치다가,61) 오토모 황자는 마침내 야마자키(山崎_교토부 남부의 오야마자키초[大山崎町]와 오사카[大阪]부 시마모토초[島本町]의 일부에 걸친 지역의 옛 이름)에서 공격을 받으시어, 목이 떨어지고 말았다.62)

그리고 나서 황태자는 야마토(大和_현재 나라(奈良)현 소재 옛 지역명)로 돌아오시어, 자리에 오르셨다.63)

다하라(田原)에 파묻어 두셨던 군밤과 삶은 밤은 모양도 변하지 아니하고 다시 살아났다.64) 지금도 다하라의 밤이라고 하여 진상하고 있다.65)

시마(志摩) 지방에서 물을 대접했던 사람은 다카시나(高階) 씨를 가진 사람이었다.66) 그러니 그 자손들이 지방 태수가 되어 있는 것이다.67)

그 물을 드셨던 두레박은 지금 야쿠시지(藥師寺_나라[奈良]시 소재 법상종[法相宗]의 대본산)

---

57) 女走り惑ひて、その国の宗とある者どもを催し語らふに、
58) 則ち二三千人ばかり兵出で来にけり。
59) それを引き具して、大友皇子を追ひ給ふに、
60) 近江国大津といふ所に、追ひつけて戦ふに、
61) 皇子の軍敗れて、散り散りに逃げける程に、
62) 大友皇子、遂に山崎にて討たれ給ひて、頭を取られぬ。
63) それより春宮、大和国に帰りおはしてなん、位につき給ひけり。
64) 田原に埋み給し焼栗、ゆで栗は、形も変らず生ひ出でけり。
65) 今に田原の御栗とて奉るなり。
66) 志摩国にて水召させたる者は、高階氏の者なり。
67) さればそれが子孫、国守にてはあるなり。

에 있다.68)

스노마타에 있던 여인은 후와(不破_기후[岐阜]현 서부, 시가[滋賀]현과 경계한 동네)의 신령님이셨다는 이야기다.69)

---

68) その水召したりし釣瓶は、今に薬師寺にあり。
69) すのまたの女は、不破の明神にてましましけりとなん。

187. 그게 그 오랑캐인가?[1]

　지금은 옛날, 호국(胡国)[2]이라고 하는 것은, 당나라에서도 훨씬 북쪽에 있다고 들었다.[3]

　그런데 "동북 지방[4] 땅에 이어져 있는 것일까?"라고,[5] 무네토(宗任) 법사라고 하여 쓰쿠시(筑紫_규슈[九州]의 옛 이름) 지방에 있던 사람이 이야기했던 적이 있다.[6]

　그 무네토의 아버지는 요리토키(賴時)라고 하여, 동북 지방의 오랑캐인데,[7] 조정의 명령에 따르지 않는다고 하여, 위에서 치고자 하셨다.[8]

　그러자 "예로부터 지금에 이르기까지 조정에 맞서 이긴 자가 없다.[9] 나는 잘못이

---

1) 『日本古典文学全集』[15巻2]「賴時が胡人見たる事」(요리토키가 호인을 본 일)
2) 『広辞苑』에서는「胡国(ここく)」에 대해 '①중국 북방에 있는 오랑캐 나라. 북적(北狄)의 나라. ②야만국.'으로 풀이하고 있다. 참고로 〈표준국어대사전〉에는「호국(胡國)」이 '①미개하고 문화의 정도가 낮은 야만인의 나라. ②북방의 오랑캐가 사는 나라.'와 같이 풀이되어 있다. 여기에서는 내용상 홋카이도(北海道)를 가리키는 것으로 보인다.
3) 今は昔, 胡国といふは, 唐よりも遙に北と聞くを,
4) 원문의 '미치노쿠(陸奥)'는 리쿠젠(陸前_미야기[宮城]현·이와테[岩手]현), 리쿠추(陸中_이와테[岩手]현·아키타[秋田]현), 무쓰(陸奥_아오모리[青森]현·이와테[岩手]현), 이와키(磐城_후쿠시마[福島]현·미야기[宮城]현), 이와시로(岩代_후쿠시마[福島]현) 이렇게 다섯 지역에 대한 옛 이름이다. 지금의 도호쿠(東北) 지방을 뭉뚱그려 가리키기도 한다.
5) 「陸奥の地に続きたるにやあらん」とて,
6) 宗任法師とて筑紫にありしが, 語り侍りけるなり。
7) この宗任が父は賴時とて, 陸奥の夷にて,
8) おほやけに随ひ奉らずとて, 攻めんとせられける程に,
9) 「いにしへより今にいたるまで, おほやけに勝ち奉る者なし。

없다고 생각하지만, 자꾸 다그침만 받으니,10) 이를 풀 방도도 없는데, 외딴곳에서 더 북쪽 너머로 건너다보이는 땅이 있는 모양이다.11) 거기로 건너가서, 형편을 살펴보고, 그래도 살만한 곳이라면,12) 나를 따르는 사람만을 모두 이끌고 건너가서 거기 살아야겠다."라고 했다.13)

그리고 우선 배 한 척을 마련하여, 거기에 타고 건너간 사람들이 있는데,14) 요리토키, 구리야가와노지로(廚川の二郎), 초카이노사부로(鳥海の三郎)가 있고, 또 가까이 지내던 가신들을 포함해 스무 명 남짓이,15) 먹을거리와 술 따위를 잔뜩 싣고 배를 띄웠다.16)

얼마 가지 않았는데, 바로 건너다보이는 거리다 보니 금세 건너갔다.17)

좌우로는 온통 아득히 펼쳐진 갈대밭이 있었다.18)

커다란 강의 들머리를 발견하여, 그 들머리에 배를 들이밀었다.19)

"사람은 있나?" 하고 살펴보았지만, 전혀 인기척도 없다.20)

"뭍으로 올라갈 수 있을 법한 곳이 있나?" 하고 살펴보았지만,21) 온통 갈대밭이라 발 디딜 방도도 없었다.22)

---

10) 我は過たずと思へども、責をのみ蒙れば、
11) 晴くべき方なきを、奥地より北に見渡さるる地あんなり。
12) そこに渡りて、有様を見て、さてもありぬべき所ならば、
13) 我に随ふ人の限を、みな率て渡して住まん」といひて、
14) まづ舟一つを整へて、それに乗りて行きたりける人々、
15) 頼時、廚川の二郎、鳥海の三郎、さてはまた、睦ましき郎等ども廿人ばかり、
16) 食物、酒など多く入れて、舟を出してければ、
17) いくばくも走らぬ程に、見渡しなりければ、渡りけり。
18) 左右は遙なる葦原ぞありける。
19) 大なる川の湊を見つけて、その湊にさし入れにけり。
20) 「人や見ゆる」と見けれども、人気もなし。
21) 「陸に上りぬべき所やある」と見けれども、
22) 葦原にて、道踏みたる方もなかりければ、

이에 "혹시 사람이 있을 법한 곳이 있으려나?" 하며 강을 거슬러 이레나 올라갔다.23)

그런데 아무리 가도 비슷한 형편이었기에, "정말로 기가 찰 노릇이로군."이라며,24) 거기에서 다시 스무날 남짓 올라갔지만, 사람의 기척은 어디에도 없었다.25)

그러다 삼십 일쯤 올라갔더니, 지축이 울리는 듯한 소리가 났기에,26) 무슨 일이 있나 싶어 두려운 마음에, 갈대밭에 숨어 들어가서,27) 울려 퍼지는 쪽을 엿보았다.28)

그랬더니 호인(胡人)이라 하여 그림으로 그려놓은 것과 같은 모습을 한 사람이, 붉은 것을 머리에 두르고서,29) 말을 타고 줄지어 모습을 드러냈다.30)

"이는 무엇 하는 자인가?" 지켜보고 있는데, 연달아서 수를 셀 수 없을 정도로 모습을 드러냈다.31)

그들은 강가에 모여 자리 잡고는, 알아들을 수도 없는 말을 서로 지껄이면서,32) 강물에 찰랑찰랑 들어가서 건너가는데, 적어도 천 기 남짓은 되는 것으로 보였다.33)

그들의 말발굽 소리가 울려 퍼져서 아득히 들려왔던 것이었다.34)

걷는 사람을 말에 탄 사람 곁에 바싹 붙여서 건너가고 있었으니,35) 이는 곧 걸어서

---

23) 「もし人気する所やある」と、川を上りざまに、七日まで上りにけり。
24) それがただ同じやうなりければ、「あさましきわざかな」とて、
25) なほ廿日ばかり上りけれども、人のけはひもせざりけり。
26) 三十日ばかり上りけるに、地の響くやうにしければ、
27) いかなる事のあるにかと恐ろしくて、葦原にさし隠れて、
28) 響くやうにする方を覗きて見れば、
29) 胡人とて、絵に書きたる姿したる者の、赤き物にて頭結ひたるが、
30) 馬に乗り連れて、うち出でたり。
31) 「これはいかなる者ぞ」と見る程、うち続き、数知らず出で来にけり。
32) 川原のはたに集り立ちて、聞きも知らぬ事をさへづり合ひて、
33) 川にはらはらとうち入れて渡りける程に、千騎ばかりやあらんとぞ見えわたる。
34) これが足音の響にて、遙に聞えけるなりけり。

건너는 곳일 것이라고 짐작하고 있었다.36)

　삼십 일 남짓이나 거슬러 올라왔는데, 어디 한 군데도 여울이 없던 강이기에,37) 저기야말로 건널 수 있는 여울이었던 게라고 보고, 사람들이 모두 건너가고 나서 가까이 다가가서 살펴보니,38) 다를 바 없이 마찬가지로 바닥을 알 수 없는 못으로 되어 있었다.39)

　그건 아마도 말을 건네는 뗏목을 만들어 띄워 놓고서, 걷는 사람들은 거기에 매달려 건너갔던 것이리라.40)

　거기에서 더 거슬러 올라간다고 해도 도무지 끝이 없을 것으로 생각했기에, 두려운 마음에 거기에서 그만 되돌아왔다.41)

　그러고 나서 얼마 지나지 않아 요리토키는 죽고 말았다.42)

　그러니 호국과 일본의 동쪽 깊숙한 땅과는 서로 맞닿아 있는 모양이라고 한 것이었다.43)

---

35) 徒の者をば、馬に乗りたる者のそばに、引きつけ引きつけして渡しけるをば、
36) ただ徒渡する所なめりと見けり。
37) 三十日ばかり上りつるに、一所も瀬なかりしに川なれば、
38) かれこそ渡る瀬なりけれと見て、人過ぎて後にさし寄せて見れば、
39) 同じやうに、底ひも知らぬ淵にてなんありける。
40) 馬筏を作りて泳がせけるに、徒人はそれに取りつきて渡りけるなるべし。
41) なほ上るとも、はかりもなく覚えければ、恐ろしくて、それより帰りにけり。
42) さていくばくもなくてぞ、頼時は失せにける。
43) されば胡国と日本の東の奥の地とは、さしあひてぞあんなると申しける。

188. 두 번은 안 해[1]

이것도 지금은 옛날, 가모제(賀茂祭)[2]에 수행하는 자로서 시모쓰케노 다케마사(下野武正)와 하타노 가네유키(秦兼行)를 보내셨다.[3]

일을 마치고 거기에서 돌아오는 길에, 법성사(法性寺) 나리 곧 후지와라노 다다미치(藤原忠通_태정대신[太政大臣]을 역임한 귀족, 1097-1164)가 무라사키노(紫野_교토[京都]시 기타구[北区] 다이토쿠지[大德寺] 부근 일대를 가리키는 이름)에서 행렬을 지켜보고 계셨는데,[4] 다케마사와 가네유키는 법성사 나리가 지켜보시는 것을 알고, 각별하게 차려입고 지나갔다.[5]

그 가운데 다케마사가 특히 빼입고 지나간다.[6] 그에 이어서 가네유키가 또 지나간다.[7] 각자 각양각색으로 차려입었는데 그걸 말로는 꾸미지 못한다.[8]

그런데 법성사 나리가 보시고 "이제 다시 한번 북쪽으로 지나가거라."라는 말씀이 있었기에, 다시 북쪽으로 건너갔다.[9]

---

1) 『日本古典文学全集』[15巻3]「賀茂祭の帰り武正兼行御覧の事」(가모제 돌아오는 길에 다케마사와 가네유키를 보신 일)
2) 교토[京都] 소재 가모[賀茂]신사[神社]에서 음력 4월에 열리는 성대한 마쓰리로, 헤이안[平安] 시대에는 마쓰리라고 하면 곧 이를 가리켰다고 한다.
3) これも今は昔、賀茂祭の供に下野武正、秦兼行遣はしたりけり。
4) その帰さ、法性寺殿、紫野にて御覧じけるに、
5) 武正、兼行、殿下御覧ずと知りて、殊に引き繕ひて渡りけり。
6) 武正殊に気色して渡る。
7) 次に兼行また渡る。
8) おのおのとりどりに言ひ知らず。

그런데 그냥 거기에 머물 수도 없는 노릇이기에, 다시 남쪽으로 돌아와 지나가는데, 이번에는 가네유키가 앞서서 남쪽으로 지나갔다.10)

다음으로 다케마사가 지나갈 차례라며 사람들이 기다리고 있었는데, 다케마사는 한참이 지나서도 보이지 않는다.11)

이건 어찌 된 영문인가 궁금해하고 있었는데, 건너편에 펼쳐둔 장막 너머로 동쪽을 지나가는 것이었다.12)

뭐지? 뭐지? 하며 기다리고 있었는데, 장막 위쪽으로 쓰개의 끄트머리만 드러내고서 남쪽으로 지나갔다.13)

그것을 보고 사람들이 "그래도 하찮은 자의 마음 씀씀이로군."이라고 치켜세웠다나 뭐라나.14)

---

9) 殿御覽じて、「今一度北へ渡れ」と仰ありければ、また北へ渡りぬ。
10) さてあるべきならねば、また南へ帰り渡るに、この度は兼行さきに南へ渡りぬ。
11) 次に武正渡らんずらんと人々待つ程に、武正やや久しく見えず。
12) こはいかにと思ふ程に、向ひに引きたる幔より、東を渡るなりけり。
13) いかにいかにと待ちけるに、幔の上より冠の巾子ばかり見えて、南へ渡りけるを、
14) 人々、「なほすぢなき者の心際なり」とほめけりとか。

189. 온 집안을 말아먹었지만[1]

　이것도 지금은 옛날, 가도베노 후쇼(門部府生)라고 하는 하급 벼슬아치가 있었다.[2]

　아직 젊고 형편도 어려웠는데, 널빤지와 대나무를 덧대 만든 활을 즐겨 쏘며 지내고 있었다.[3]

　그는 밤에도 쏘아댔기에, 비좁은 집의 지붕에 자그마하게 올린 널빤지를 뜯어내서 그걸 횃불 삼아서 쐈다.[4]

　그의 아내도 이 처사를 당최 받아들이지 못한다.[5]

　또 부근에 사는 사람들도 "한심하도다, 가당찮은 일을 저지르시는 인사로군."이라고 수군댔다.[6]

　하지만 "자기 집을 부숴가며 과녁을 쏘는데, 어느 누가 뭐가 난처하겠는가?"라며 여전히 지붕에 올린 널빤지를 횃불 삼아서 쏜다.[7]

　그것을 흉보지 않는 사람이 하나도 없다.[8]

　그러는 사이에 인 널빤지가 모두 떨어지고 말았다.[9] 마침내는 서까래며 평고대를

---

1) 『日本古典文学全集』 [15巻4] 「門部府生海賊射返す事」(가도베노 후쇼가 해적을 쏴서 쫓아버린 일)
2) これも今は昔、門部府生といふ舎人ありけり。
3) 若く身は貧しくてぞありけるに、ままきを好みて射けり。
4) 夜も射ければ、わづかなる家の葺板を抜きて、ともして射けり。
5) 妻もこの事をうけず。
6) 近辺の人も、「あはれ、よしなき事し給ふものかな」といへども、
7) 「我家もなくて的射んは、誰も何か苦しかるべき」とて、なほ葺板をともして射る。
8) これをそしらぬ者一人もなし。

쪼개서 불을 지폈다.10) 또 이후에는 마룻대와 들보도 불살랐다.11) 그러고 나서는 도리와 기둥을 모두 쪼개 지피기에, "이건 정말 넋이 나갈 노릇이로군."이라고 수군대고 있었다.12)

그리고 마룻바닥과 그 받침대까지도 모두 쪼개 지펴버리고서, 이웃집에 묵고 있었다.13)

그러니 그 집주인이 이 사람의 꼬락서니를 보고서, 이 집까지도 깨부수어 불사르지 않으려나 하여 꺼리는데,14)

"그렇게만 계속하겠나요, 조금 기다려주십시오." 운운하며 시간을 보내고 있었다.15)

그러다가 활을 잘 쏜다는 소문이 널리 퍼져서, 조정의 부름을 받아 궁중 활쏘기 행사에 나갔는데,16) 너무나도 훌륭하게 쏘았기에, 천자가 감탄하셔서, 마침내 씨름꾼을 그러모으는 사자로 뽑아 지방으로 내려보냈다.17)

거기에서 솜씨 좋은 씨름꾼들을 수많이 불러 모았다.18) 그리고 이루 헤아릴 수 없는 재물을 얻어 상경하고 있었다.19)

그 길에 있는 가바네시마라고 하는 곳은 해적이 모여드는 곳인데, 거기를 지날 즈음

---

9) かくする程に、葺板みな失せぬ。
10) 果には椽、木舞を割りたきつ。
11) また後には棟、梁焼きつ。
12) 後には桁、柱みな割りたき、「これ、あさましき物のさまかな」と言ひあひたる程に、
13) 板敷、下桁までもみな割りたきて、隣の人の家に宿りけるを、
14) 家主、この人の様体を見るに、この家もこぼちたきなんぞと思ひて、いとへども、
15) 「さのみこそあれ待ち給へ」などいひて過ぐる程に、
16) よく射る由聞えありて、召し出されて、賭弓つかうまつるに、
17) めでたく射ければ、叡感ありて、果には相撲の使に下りぬ。
18) よき相撲ども多く催し出でぬ。
19) また数知らず物まうけて、上りけるに、

에,20) 동행하던 사람이 말하길,

"저기 보십시오.21) 저 배들은 모두 해적이 탄 배들인 모양입니다.22) 이제 어찌하시렵니까?"라고 했다.23)

그러자 가도베노 후쇼가 말하길 "자네, 소란 피우지 말게.24) 천만 명의 해적이 우글거린다고 해도, 두고 봐라."라며,25) 행장에서 궁중 활쏘기 때 입었던 옷을 꺼내서 멋들어지게 차려입고,26) 쓰개와 그 좌우에 달린 장식 등, 격식에 맞추어 채비했다.27)

그러자 그 하인들이 "이분이 미치신 걸까?28) 당해내지 못한다곤 해도, 방패라도 세우거나 하십시오."라며 수선 떨고 있었다.29)

그런데 그는 멋들어지게 차려입고, 웃옷을 벗어젖혀 어깨를 까고, 좌우와 뒤를 둘러보고는,30) 지붕 올린 배 위에 서서 "이제 마흔여섯 걸음 안쪽으로 들어왔느냐?"라고 했다.31)

그러자 하인들이 "어림잡아 그렇게 아뢰기에 미치지 않았습니다."라며 누런 구토를 뿜어내고 있었다.32)

---

20) かばね嶋といふ所は、海賊の集る所なり、過ぎ行く程に、
21) 具したる者のいふやう、「あれ御覧候へ。
22) あの舟どもは、海賊の舟どもにこそ候めれ。
23) こはいかがせさせ給ふべき」といへば、
24) この門部府生いふやう、「をのこ、な騒ぎそ。
25) 千万人の海賊ありとも、今見よ」といひて、
26) 皮籠より、賭弓の時着たりける装束取り出でて、うるはしく装束きて、
27) 冠、老懸など、あるべき定にしければ、
28) 従者ども、「こは物に狂はせ給ふか。
29) かなはぬまでも、楯づきなどし給へかし」と、いりめき合ひたり。
30) うるはしく取りつけて、肩脱ぎて、馬手、後見まはして、
31) 屋形の上に立ちて、「今は四十六歩に寄り来にたるか」といへば、
32) 従者ども、「大方とかく申すに及ばず」とて、黄水をつき合ひたり。

또 "어떠냐? 이리 들어왔느냐?"라고 물으니,33)

"마흔여섯 걸음에 가까워졌습니다."라고 했다.34)

그러자 지붕 위로 나가서, 격식에 맞춰 활을 드는 자세를 취하고,35) 활을 휘두르고서, 잠시 있다가 들어 올렸다.36)

그런데 해적의 우두머리는 거무죽죽한 옷을 입고, 붉은 부채를 펼쳐 들고서,37)

"어서 서둘러서 노를 저어 배를 대고, 저 배에 옮겨타서 거기 물건을 이리로 옮겨라."라고 고함치고 있었다.38)

그러나 그 후쇼는 법석을 피우지 않고, 과녁을 겨냥하여, 가만히 쏘고는, 활을 내리고서 살펴보았다.39)

그러자 그 화살이 눈에도 보이지 않게 그 우두머리 해적이 머무는 곳으로 날아들었다.40) 그리고 어느 틈에 그 왼쪽 눈에 그대로 박히고 말았다.41)

해적이 "앗." 하며, 부채를 집어 던지고 뒤로 나자빠졌다.42)

그리고 화살을 뽑아 살펴보니, 화려한 것이, 전쟁 같은 때 쓰일 법한 것이 아니라,43) 아주 작은 먼지만 한 것이었다.44)

---

33) 「いかにかく寄り来にたるか」といへば、
34) 「四十六歩に近づき候ひぬらん」といふ時、
35) 上屋形へ出でて、あるべきやうに弓立して、
36) 弓をさしかざして、暫しありてうち上げたれば、
37) 海賊が宗徒のもの、黒ばみたる物着て、赤き扇を開き使ひて、
38) 「とくとく漕ぎ寄せて、乗り移りて、移し取れ」といへども、
39) この府生、騒がずして、ひき固めて、とろとろと放ちて、弓倒して見やれば、
40) この矢、目にも見えずして、宗徒の海賊が居たる所へ入りぬ。
41) 早く左の目に、いたつき立ちにけり。
42) 海賊、「や」といひて、扇を投げ捨てて、のけざまに倒れぬ。
43) 矢を抜きて見るに、うるはしく、戦などする時のやうにもあらず、
44) ちりばかりの物なり。

그것을 그 해적들이 보고서 "어이쿠, 이건 흔히 보는 화살도 아니었구나.45) 신령의 화살이었던 게로군."이라며 "냉큼 서둘러 노를 저어 돌아가자."라며 줄행랑치고 말았다.46)

그때 가도베노 후쇼가 옅은 웃음을 머금고,47)

"우리 앞에 있다가는 하마터면 큰일 날뻔했던 녀석들이로군."이라며,48) 벗어젖힌 옷소매를 내리고 침을 뱉으며 앉아 있었다.49)

해적들이 부산을 떨며 도망치는 사이에, 주머니 하나와 잡동사니들이 떨어져 있었는데,50) 그게 바다에 떠 있었기에, 그 후쇼가 들어 올리곤, 가만히 웃고 있었다나 뭐라나.51)

---

45) これをこの海賊ども見て、「やや、これは、うちある矢にもあらざりけり。
46) 神箭なりけり」といひて、「とくとく、おのおの漕ぎもどりね」とて、逃げにけり。
47) その時、門部府生うす笑ひて、
48) 「なにがしらが前には、あぶなく立つ奴ばらかな」といひて、
49) 袖うちおろして、小唾吐きて居たりけり。
50) 海賊騒ぎ逃げける程に、袋一つなど、少々物ども落したりける、
51) 海に浮びたりければ、この府生取りて、笑ひて居たりけるとか。

190. 사람을 잘못 보고[1]

이것도 지금은 옛날, 도사(土佐_지금의 고치[高知]현[県]의 옛 지역명) 지방 관리[2]인 미치키요(通清)라는 사람이 있었다.[3]

시가를 읊고, 겐지모노가타리(源氏物語)[4]와 사고로모모노가타리(狭衣物語)[5]를 외며, 꽃밭이며 달빛이 드는 곳에 즐겨 나다녔다.[6]

이렇게 풍류를 즐기는 사람이기에, 후지와라노 사네사다(藤原実定_헤이안 시대 말기의 가인, 1139-1191) 사다이진(左大臣)이,[7]

"궁궐에 핀 꽃을 구경할 것이니, 꼭 오시오."라고 권하였기에,[8]

미치키요는 참으로 귀한 일이 생겼다고 생각하여,[9] 곧바로 낡아빠진 수레를 타고 거기로 향해 갔다.[10]

---

1) 『日本古典文学全集』[15卷5]「土佐判官代通清人違して関白殿にあひ奉る事」(도사 지방 관리인 미치키요가 사람을 잘못 보고 간빠쿠 나리를 만나 뵌 일)
2) 원문에는 「判官代」. 이는 상황(上皇:じょうこう)의 집무 장소인 院庁(いんのちょう)에서 근무하는 관리의 뜻이거나, 또는 지방에 설치한 관청인 国衙(こくが)나 장원(荘園) 현지에서 관리하고 수납하는 일을 담당한 벼슬을 가리킨다.
3) これも今は昔、土佐判官代通清といふ者ありけり。
4) 무라사키노 시키부[紫式部]가 지은 헤이안[平安]시대 중기 장편 이야기.
5) 겐지모노가타리의 영향을 받아 11세기 전후 쓰인 이야기.
6) 歌を詠み、源氏、狭衣などをうかべ、花の下、月の前と好き歩きけり。
7) かかる好者なれば、後徳大寺左大臣、
8) 「大内の花見んずるに、必ず」といざなはれければ、
9) 通清、めでたき事にあひたりと思ひて、

그런데 뒤편에서 수레 두어 개 남짓을 이끌고 누군가가 다가오기에,11) 의심할 것 없이 그 사다이진이 오신다고 생각하여,12) 꽁무니에 내린 발을 들어 올리고는,13)

"어머나 어쩌지, 어머나 어쩌지, 얼른 오십시오."라며 부채를 펼쳐서 불러들였다.14)

그런데 그건 간빠쿠(関白_덴노[天皇]를 보좌하여 정무를 집행하는 중책을 맡은 벼슬) 나리가 어딘가로 가시는 길인 것이었다.15)

미치키요가 불러들이는 것을 보고 간빠쿠를 수행하던 호위 무사가16), 말을 몰아 내달려 다가와서는,17) 수레 꽁무니에 내린 발을 내리쳐서 떨어뜨려 버렸다.18)

그러자 미치키요가 허둥대다가 우당탕 앞으로 굴러떨어졌는데, 쓰개가 바닥에 나뒹굴었다.19)

더없이 측은했다나 뭐라나.20)

풍류를 즐기는 사람은 조금은 허술하기도 한 것일까.21)

---

10) やがて破車に乗りて行く程に、
11) 跡より車二つ三つばかりして人の来れば、
12) 疑なきこの左大臣のおはすると思ひて、
13) 尻の簾をかき上げて、
14) 「あなうたて、あなうたて、とくとくおはせ」と扇を開いて招きけり。
15) はやう、関白殿の物へおはしますなりけり。
16) 원문의「随身(ずいじん)」은 옛날 귀인이 외출할 때 경계와 호위를 위해 칙명으로 붙인「近衛府(このえふ)_옛날 무기를 차고 궁중을 경비하고, 조정의식에 줄지어 서서 위용을 선보이는 한편 행행(行幸)에 동행하며 경비한 무관(武官)의 부(府)」의 관리로 활과 화살을 소지하고 검을 차고 있다.
17) 招くを見て、御供の随身、馬を走らせて駆け寄せて、
18) 車の尻の簾をかり落してけり。
19) その時ぞ通清あわて騒ぎて、前より転び落ちける程に、烏帽子落ちにけり。
20) いといと不便なりけりとか。
21) 好きぬる者は、少しをこにもありけるにや。

191. 온 정성으로 기도하기에[1]

이것도 지금은 옛날, 호리가와가네미치(堀川兼道) 태정대신(太政大臣_태정관의 최고위 벼슬)이라 일컫는 분이 돌림병을 크게 앓으셨다.[2]

이에 가지기도 등 갖가지로 애쓰셨다.[3]

세상에 이름난 승려 가운데 찾아오지 않는 사람이 없었다.[4]

그들이 찾아와서 한데 모여 온갖 기도를 올렸다.[5] 그러니 온 집안이 엄청나게 야단법석이었다.[6]

여기 고쿠라쿠지(極楽寺_교토[京都] 소재 사찰)는 나리가 조영하신 사찰이다.[7] 그런데 그 절에 기거하던 승려들에게는 "기도 올리라."라는 말씀이 없을뿐더러, 아무도 부르시지 아니한다.[8]

그때 절에 기거하는 승려들이 생각하길, 이 사찰에 편안히 기거하는 것은 이 나리의 은덕일 것이다.[9] 만일 나리가 돌아가시기라도 하신다면 이 세상을 살아갈 방도도 없

---

1) 『日本古典文学全集』[15巻6]「極楽寺僧仁王経の験を施す事」(고쿠라쿠지의 승려가 인왕경의 효험을 펼친 일)
2) これも今は昔、堀川兼道公太政大臣と申す人、世心地大事に煩ひ給ふ。
3) 御祈どもさまざまにせらる。
4) 世にある僧どもの参らぬはなし。
5) 参り集ひて御祈どもをす。
6) 殿中騒ぐ事限なし。
7) ここに極楽寺は、殿の造り給へる寺なり。
8) その寺に住みける僧ども、「御祈せよ」といふ仰もなかりければ、人も召さず。

다.10) 부르시지 아니하더라도 찾아가겠노라며 인왕경을 챙겨 받들고, 저택으로 찾아갔다.11)

온 집안이 야단법석이었기에, 중문 북쪽 회랑 구석에 웅크리고 앉아서,12) 누구 하나 쳐다보는 이도 없는데, 인왕경을 온 정성을 다해 외어 올린다.13) 두 시각 남짓 지나서 나리가 말씀하시길,14)

"고쿠라쿠지에서 찾아온 승려로 아무개라는 큰 스님이 예 있는가?"라고 물으셨다.15)

이에 어떤 사람이 "중문 가 회랑에 있사옵니다."라고 아뢰었다.16)

그러자 "그를 이리 부르거라."라고 말씀하셨다.17)

이에 사람들이 기이하게 여기며, 기라성 같은 훌륭한 승려를 부르시지 아니하고,18) 이렇게 찾아온 것조차 가당찮게 여기고 있던 스님을 찾으시기에,19) 영문도 알 수 없었지만, 그저 찾아가서 부르신다는 뜻을 밝히자, 이리로 들었다.20)

그리고 고승들이 즐비하게 늘어선 뒤편 툇마루에 웅크리고 앉아 있었다.21)

---

9) この時にある僧の思ひけるは、御寺にやすく住む事は、殿の御徳にてこそあれ。
10) 殿失せ給ひなば、世にあるべきやうなし。
11) 召さずとも参らんとて、仁王経を持ち奉りて、殿に参りて、
12) 物騒がしかりければ、中門の北の廊の隅にかがまり居て、
13) つゆ目も見かくる人もなきに、仁王経他念なく読み奉る。
14) 二時ばかりありて、殿仰せらるるやう、
15) 「極楽寺の僧、なにがしの大徳やこれにある」と尋ね給ふに、
16) ある人、「中門の脇の廊に候」と申しければ、
17) 「それ、こなたへ呼べ」と仰せらるるに、
18) 人々怪しと思ひ、そこばくのやんごとなき僧をば召さずして、
19) かく参りたるをだに、よしなしと見居たるをしも、召しあれば、
20) 心も得ず思へども、行きて、召す由をいへば参る。
21) 高僧どもの着き並びたる後の縁に、かがまり居たり。

"그래, 들었는가?"라고 물으시니, 남쪽 대자리에 대령했다고 아뢰었다.22)

그러자 "안으로 불러들이거라."라며 누워계신 곳으로 불러들이셨다.23)

좀체 말씀도 못 하시고 위중한 상태셨는데,24) 이 스님을 부르실 때의 낯빛이 더할 나위 없이 좋아 보였다.25)

이에 사람들이 괴이하게 여기고 있었는데, 나리가 말씀하시길,26)

"누워있을 때 꾼 꿈에, 사나워 보이는 괴물들이,27) 내 몸을 이리저리 패대며 괴롭혔는데,28) 머리를 양쪽으로 딴 동자인데 나뭇가지를 들고 있는 아이가, 중문 쪽에서 나와서,29) 나뭇가지를 가지고 그 귀신들을 쳐서 쫓아내니, 괴물들이 모두 도망쳐 사방으로 흩어졌다.30) 그래서 '무엇 하는 아이가 이리하는가?'라고 물었더니,31) '고쿠라쿠지에 있는 아무개가, 이리 고통당하시는 것을 몹시 한숨짓기에,32) 평소에 외어 올리던 인왕경을 오늘 아침부터 중문 가에 머물며,33) 온 정성을 다해 외어 올리며 기도했습니다.34) 그 스님이 모시는 호법동자35)가 이처럼 편찮게 만든 악귀들을 내쫓아버린 것

---

22) 「さて参りたるか」と問はせ給へば、南の簀子に候よし申せば、
23) 「内へ呼び入れよ」とて、臥し給へる所へ召し入らる。
24) 無下に物も仰せられず、重くおはしつるに、
25) この僧召す程の御気色、こよなくよろしく見えければ、
26) 人々怪しく思ひけるに、のたまふやう、
27) 「寝たりつる夢に、恐ろしげなる鬼どもの、
28) 我が身をとりどりに打ちれうじつるに、
29) びんづら結ひたる童子の、楉持ちたるが、中門の方より入り来て、
30) 楉してこの鬼どもを打ち払へば、鬼どもみな逃げ散りぬ。
31) 『何ぞの童のかくはするぞ』と問ひしかば、
32) 『極楽寺のそれがしが、かく煩はせ給ふ事、いみじう歎き申して、
33) 年来読み奉る仁王経を、今朝より中門の脇に候ひて、
34) 他念なく読み奉りて祈り申し侍る。
35) 「護法(ごほう) : [불교]①불법(仏法)을 수호하는 것. ②불법 수호를 위해 부려지는 귀신. 호법동자(護法童

입니다.'라고 아뢰는 꿈을 꾸었다.36) 그 꿈에서 깨고 나서 기분이 씻어낸 듯 개운했기에,37) 그 기쁨을 전하고자 하여 불러들인 것이다."라며 손바닥을 비비며 인사하시고,38) 걸개에 걸어놓은 옷을 내려서 건네셨다.39)

"절에 돌아가서도 더더욱 기도를 열심히 하라."고 말씀하셨기에,40) 기뻐하며 자리를 뜨는데, 그 모습을 지켜보는 승려들과 속세 사람들의 마음이 너무나 귀하다.41)

중문 가에서 온종일 웅크리고 앉아 있을 때는 알아주지 않았는데,42) 유별나게 멋진 모습으로 떠나갔던 것이다.43)

그러니 사람의 기도는 승려의 정(淨) 부정(不淨)과는 관계가 없는 것이다.44) 그저 정성을 다해야 효험이 있는 법이다.45)

"어머니와 같은 마음으로 기도해야 할 것이다."라고 예로부터 전해지는 것도 그런 뜻이다.46)

子)·호법선신(護法善神) 등..(広辞苑)「호법동자(護法童子) : 『불교』 삼보(三寶)를 지키기 위하여 수행인을 옹호하거나 영지(靈地)를 지키는 동자 차림의 귀신.」(표준국어대사전)

36) その聖の護法の、かく病ませ奉る悪鬼どもを、追ひ払ひ侍るなり』と申すと見て、
37) 夢覚めてより、心地のかいのごふやうによければ、
38) その悦いはんとて、呼びつるなり」とて、手を摺りて拝ませ給ひて、
39) 棹にかかりたる御衣を召して、被け給ふ。
40) 「寺に帰りてなほなほ御祈よく申せ」と仰せらるれば、
41) 悦びてまかり出づる程に、僧俗の見思へる気色やんごとなし。
42) 中門の脇に、ひめもすにかがみ居たりつる、おぼえなかりしに、
43) 殊の外美々しくてぞまかり出でにける。
44) されば人の祈は、僧の浄不浄にはよらぬ事なり。
45) ただ心に入りたるが験あるものなり。
46) 「母の尼して祈をばすべし」と、昔より言ひ伝へたるも、この心なり。

192. 쌀이 샘솟는 주머니[1]

지금은 옛날, 에치젠(越前_현재 후쿠이[福井]현 동부의 옛 지역명) 지역에 이라에노 요쓰네(伊良縁の世恒)라는 사람이 있었다.[2]

그가 유달리 섬기는 비사문(毘沙門)[3]에게, 아무것도 먹지 못하였기에 음식을 원하였는데,[4] "살려주십시오."라고 아뢰었다.[5]

그러고 있는데 누군가가 "문가에 너무나도 아리따운 여인이 있는데, 집주인에게 할 이야기가 있다고 하십니다."라고 했다.[6]

이에 누구일까 싶어 나가서 만나보니,[7] 그릇에 음식을 한가득 담아 "이것을 드십시오. 뭔가 원한다 했기에."라며 건넸다.[8]

---

1) 『日本古典文学全集』[15巻7]「伊良縁野世恒毘沙門御下文の事」(이라에노 요쓰네에게 비사문이 건넨 명령문에 관한 일)
2) 今は昔、越前国に、伊良縁の世恒といふ者ありけり。
3) 「毘沙門天(びしゃもんてん) : [불교] 사천왕(四天王)・십이천(十二天)의 하나. 수미산(須弥山) 중턱 북방에 머물며, 야차(夜叉)・나찰(羅刹)을 이끌고 북방세계를 수호하며 또한 재보를 지킨다고 하는 신. 갑주를 입고 분노하는 무장 형상으로 표현되며, 한 손에 보탑(宝塔)을 받들고, 한 손에 창이나 몽둥이를 지닌다. 일본에서는 칠복신 가운데 하나로 여겨진다.」(広辞苑). 「비사문(毘沙門) : 『불교』 사천왕(四天王)의 하나. 다문천을 다스려 북쪽을 수호하며 야차와 나찰을 통솔한다. 분노의 상(相)으로 갑옷을 입고서 왼손에 보탑(寶塔)을 받쳐 들고 오른손에 몽둥이를 들고 있다」(표준국어대사전)
4) とりわきてつかうまつる毘沙門に、物も食はで、物のほしかりければ、
5) 「助け給へ」と申しける程に、
6) 「門にいとをかしげなる女の、家主に物いはんとのたまふ」といひければ、
7) 誰にかあらんとて、出であひたれば、
8) 土器に物を一盛、「これ食ひ給へ。物ほしとありつるに」とて、取らせたれば、

이에 기뻐하며 받아 들어가서, 아주 조금 먹었더니,9) 이내 포만감이 들어서, 이삼일은 아무것도 원하지 않게 됐다.10)

그러니 이를 챙겨두었다가 뭔가 먹고 싶을 때마다 조금씩 헐어 먹고 있었다.11)

그러다 세월이 흘러 그것도 모두 떨어지고 말았다.12)

어찌할까 하다가 다시 기원을 올렸더니,13) 또 예전과 같이 누군가 고하기에,14) 처음에 그랬던 것처럼 허겁지겁 나가서 보니, 옛날 그 여인이 있어 말씀하시길,15)

"여기 명령문을 드리겠습니다.16) 여기에서 북쪽 골짜기, 미네햐쿠초(峯百町)를 넘어서 가다 보면 높은 봉우리가 있습니다.17) 거기에 서서 '나리타'라고 부르면 누군가 나올 겁니다.18) 그에게 이 글월을 보이고, 그가 바치는 물건을 받으세요."라고 하고 떠나갔다.19)

그 명령문을 보니 "쌀 두 말을 건네야 한다."라고 적혀있었다.20)

곧바로 그대로 가서 살펴보니 정말로 높은 봉우리가 있다.21)

거기에서 "나리타"라고 부르니, 사나운 목소리로 대답하고 나오는 자가 있다.22)

---

9) 悦びて取りて入りて、ただ少し食ひたれば、
10) やがて飽き満ちたる心地して、二三日は物もほしからねば、
11) これを置きて、物のほしき折ごとに、少しづつ食ひてありける程に、
12) 月比過ぎて、この物も失せにけり。
13) いかがせんずるとて、また念じ奉りければ、
14) またありしやうに、人の告げければ、
15) 始にならひて、惑ひ出でて見れば、ありし女房のたまふやう、
16) 「これ下文奉らん。
17) これより北の谷、峯百町を越えて、中に高き峯あり。
18) それに立ちて、『なりた』と呼ばば、もの出で来なん。
19) それにこの文を見せて、奉らん物を受けよ」といひて去ぬ。
20) この下文を見れば、「米二斗渡すべし」とあり。
21) やがてそのまま行きて見ければ、まことに高き峯あり。

가만히 살펴보니 이마에 뿔이 달리고, 눈이 하나인 자가,23) 붉은 속옷 차림으로 나와서, 무릎을 꿇고 있었다.24)

"이는 명령문이오. 이 쌀을 건네시오."라고 했다.25)

그러자 "그러한 일이 있습죠."라며 명령문을 보고서,26)

"여기에는 두 말이라고 적혀있습니다만, 한 말을 드리라고 했습니다."라며,27) 한 말을 건네주었다.28)

그대로 받아들고 돌아와서, 그걸 담아놓은 주머니에 있는 쌀을 꺼내 썼는데, 한 말이 하나도 떨어지지 않았다.29)

천만 석을 꺼내도 그냥 똑같아서, 한 말이 하나도 떨어지지 않았다.30)

이 이야기를 태수가 듣고서, 그 요쓰네를 불러들여서는 "그 주머니를 내게 넘기거라."라고 했다.31)

이에 그 지방에 매인 몸이니 차마 물리치지도 못하고 "쌀을 일백 석만치 드리겠습니다."라며 주머니를 넘겨주었다.32)

거기에서 쌀 한 말을 꺼내자 다시 나오고 또 나왔기에, 대단한 물건을 챙겼다고 생

---

22) それにて、「なりた」と呼べば、恐ろしげなる声にていらへて、出で来たるものあり。
23) 見れば額に角生ひて、目一つあるもの、
24) 赤き褌したるもの出で来て、ひざまづきて居たり。
25) 「これ御下文なり。この米得させよ」といへば、
26) 「さる事候」とて、下文を見て、
27) 「これは二斗と候へども、一斗を奉れとなん候ひつるなり」とて、
28) 一斗をぞ取らせたりける。
29) そのままに受け取りて帰りて、その入れたる袋の米を使ふに、一斗尽きせざりけり。
30) 千万石取れども、ただ同じやうにて、一斗は失せざりけり。
31) これを国守聞きて、この世恒を召して、「その袋、我に得させよ」といひければ、
32) 国の内にある身なれば、えいなびずして、「米百石の分奉る」といひて取らせたり。

각하며,33) 태수가 가지고 있었는데, 일백 석을 다 꺼내고 나니 쌀이 그만 떨어지고 말았다.34)

그리고 주머니 하나만 달랑 남았기에 아쉽지만 그대로 돌려주었다.35)

그런데 요쓰네의 품에 돌아오고 나서는 다시 쌀 한 말이 나오게 됐다.36) 이렇게 해서 말도 못 할 부자로 살았다는 이야기다.37)

---

33) 一斗取れば、また出でき出できしてければ、いみじき物まうけたりと思ひて、
34) 持たりける程に、百石取り果てたれば、米失せにけり。
35) 袋ばかりになりぬれば、本意なくて返し取らせたり。
36) 世恒がもとにて、また米一斗出で来にけり。
37) かくてえもいはぬ長者にてぞありける。

193. 도솔천에 다녀온 영험한 스님의 기도[1]

지금은 옛날, 히에잔(比叡山_교토 소재 영산)에 있는 무도지(無動寺)라는 사찰에 소오(相応) 화상(和尚)이라고 하는 사람이 계셨다.[2]

히라산(比良山_시가[滋賀]현 비와[琵琶]호[湖] 서안에 있는 산) 서편에 있는 가쓰라가와(葛川_시가현 오쓰[大津]시[市] 아도[安曇]강 상류)의 세 폭포라고 하는 곳에도 오가며 수행하고 계셨다.[3]

그 폭포에서 부동명왕[4]에게 아뢰시길,[5]

"나를 업고서 도솔천(兜率天)[6] 내원(內院)의 미륵보살(彌勒菩薩)이 계신 곳으로 데리고

---

1) 『日本古典文学全集』[15권8]「相応和尚都卒天にのぼる事、染殿の后祈り奉る事」(소오 화상이 도솔천에 오른 일, 후지와라노 아키라케이코님을 위해 기도해 올린 일)
2) 今は昔、叡山無動寺に、相応和尚といふ人おはしけり。
3) 比良山の西に、葛川の三滝といふ所も、通ひて行ひ給ひけり。
4) 원문의 「不動尊(ふどうそん)」은 「不動明王(ふどうみょうおう)」와 같은 말이다. 이에 대해 『広辞苑』에서는 다음과 같이 풀이한다. 「오대명왕(五大明王;ごだいみょうおう)・팔대명왕(八大明王;はちだいみょうおう) 가운데 하나. 불전(仏典)에서는 처음 대일여래(大日如来;だいにちにょらい)의 사자(使者)로서 등장하는데, 마침내 대일여래가 교화(教化)하기 어려운 중생(衆生;しゅじょう)을 구하기 위해 분노(忿怒;ふんぬ)의 모습으로 모습을 빌어 나타난 것이라고 한다. 보통 하나의 얼굴에 팔이 둘인데, 오른손에 항마(降魔)의 검(剣)을 들고 왼손에 견삭(羂索;けんじゃく)을 들고 있다. 긍갈라(矜羯羅;こんがら)・제타가(制吒迦;せいたか) 두 동자를 거느린다.」한편 〈표준국어대사전〉에는 「부동명왕(不動明王)」이 다음과 같이 풀이되어 있다. 「팔대 명왕의 하나. 중앙을 지키며 일체의 악마를 굴복시키는 왕으로, 보리심이 흔들리지 않는다 하여 이렇게 이른다. 오른손에 칼, 왼손에 오라를 잡고 불꽃을 등진 채 돌로 된 대좌에 앉아 성난 모양을 하고 있다. 제개장보살의 화신으로 오대존명왕의 하나이기도 하다.」
5) その滝にて、不動尊に申し給はく、
6)「兜率天(とそつてん)」에 대한 『広辞苑』의 풀이는 다음과 같다.「속계(欲界) 육천(六天) 가운데 제4위. 내외(内外) 두 원(院)이 있다. 내원(内院)은 앞으로 부처가 될 보살이 마지막 생을 보내고, 현재는 미륵보살이

가주십시오."라고,7) 막무가내로 아뢰었다.8)

이에 "더없이 어려운 일이지만, 기어이 아뢰는 일이기에, 데리고 가야겠다.9) 그 엉덩이를 씻어라."라고 말씀하셨다.10)

그러자 폭포 끄트머리에서 물을 뒤집어쓰고 엉덩이를 깨끗이 씻고는,11) 부동명왕의 머리에 올라타고 도솔천으로 올라가셨다.12)

그런데 내원의 문 앞에 묘법연화(妙法蓮華)13)라고 적혀있었다.14)

부동명왕이 말씀하시길 "여기에 들어가는 자는 이 불경을 왼 연후에 들어가라.15) 외지 못하면 들어갈 수 없다."라고 하셨다.16)

이에 아득히 올려다보고서 소오 화상이 말씀하시길,17)

거처한다고 한다. 일본에서는 여기에 49원(院)이 있다고 한다. 외원(外院)은 천인(天人)의 거처」. 한편 〈표준국어대사전〉에는 「도솔천(兜率天) : 『불교』육욕천의 넷째 하늘. 수미산의 꼭대기에서 12만 유순(由旬) 되는 곳에 있는, 미륵보살이 사는 곳으로, 내외(內外) 두 원(院)이 있는데, 내원은 미륵보살의 정토이며, 외원은 천계 대중이 환락하는 장소라고 한다.」

7) 「我を負ひて、都卒の内院、弥勒菩薩の御許に率て行き給へ」と、
8) あなかちに申しければ、
9) 「きはめて難き事なれど、強ひて申す事なれば、率て行くべし。
10) その尻を洗へ」と仰せければ、
11) 滝の尻にて水浴み、尻よく洗ひて、
12) 明王の頭に乗りて、都卒天にのぼり給ふ。
13) 「妙法蓮華経(みょうほうれんげきょう) : 대승(大乗) 경전 가운데 하나. 406년 구마라습(鳩摩羅什;くまらじゅう)이 번역. 8권 28품으로 이루어졌다. 이승(二乗_대승과 소승) 작불(作仏;さぶつ) 및 석가모니의 구원(久遠;くおん) 성불(成仏)을 설파하고, 제(諸) 대승경(大乗経) 가운데 가장 고원(高遠)한 묘법(妙法)을 개시(開示)했다고 하는 경(経). 천태종(天台宗;てんだいしゅう)과 일연종(日蓮宗;にちれんしゅう)에서 소의(所依;しょえ)로 삼는다.」(広辞苑) 「묘법연화경(妙法蓮華經) : 법화삼부경의 하나. 가야성(迦耶城)에서 도를 이룬 부처가 세상에 나온 본뜻을 말한 것으로, 모든 불교 경전 가운데 가장 존귀하게 여겨지는 경전이다. 쿠마라지바가 중국어로 번역하였다. 8권 28품.」(표준국어대사전)
14) ここに、内院の門の額に、妙法蓮華と書かれたり。
15) 明王のたまはく、「これへ参入の者は、この経を誦して入れ。
16) 誦せざれば入らず」とのたまへば、

"저는 이 불경을 읽기는 읽습니다. 하지만 외는 건 아직 못합니다."라고 했다.18)

그러자 부동명왕이 "그렇다면 안타까운 일이로다.19) 그런 상태라면 들어갈 수 없을 것이오.20) 돌아가서 법화경을 왼 연후에 찾아오시오."라며 들쳐메시고,21) 원래 있던 가쓰라가와로 돌아오셨기에, 울며 슬퍼하시기가 한량없다.22)

그리고 나서 본존(本尊) 앞에서 불경을 다 외신 연후에 뜻을 이루셨다고 한다.23)

그 부동명왕은 지금 무도지(無動寺)에 모셔져 있는 등신(等身) 불상이시다.24)

그 화상이 이처럼 기이한 영험이 있으시기에,25) 후지와라노 아키라케이코(藤原明子_헤이안[平安] 초기 귀족인 후지와라노 요시후사[藤原良房_804-872]의 딸로 몬토쿠[文德]덴노[天皇_재위 850-858]를 모셨다. 829-900)님이 악령에 시달리고 계시던 차에, 어떤 이가 아뢰길,26)

"지카쿠 대사(慈覚大師_천태종[天台宗] 산문파[山門派]의 시조 엔닌[円仁_794-864]의 시호)의 제자 분으로, 무도지(無動寺)에 있는 소오(相応) 화상이라 하는 분이야말로,27) 대단한 수도승입니다."라고 아뢰었기에, 그를 불러들이려 사람을 보낸다.28)

그러자 곧바로 사자를 따라와서 중문에 섰다.29)

---

17) 遙に見上げて、相応のたまはく、
18) 「我この経、読みは読み奉る。誦する事いまだかなはず」と。
19) 明王、「さては口惜しき事なり。
20) その儀ならば、参入かなふべからず。
21) 帰りて法華経を誦して後参り給へ」とて、かき負ひ給ひて、
22) 葛川へ帰り給ひければ、泣き悲しみ給ふ事限なし。
23) さて本尊の御前にて、経を誦し給ひて後、本意を遂げ給ひけりとなん。
24) その不動尊は、今に無動寺におはします等身の像にぞましましける。
25) その和尚、かやうに奇特の効験おはしければ、
26) 染殿の后、物の怪に悩み給ひけるを、ある人申しけるは、
27) 「慈覚大師の御弟子に、無動寺の相応和尚と申すこそ、
28) いみじき行者にて侍れ」と申しければ、召しに遣はす。
29) 則ち御使に連れて参りて、中門に立てり。

사람들이 살펴보니 키가 큰 스님인데 귀신과도 같은 행색으로,30) 참피나무 껍질에서 뽑아낸 검붉은 옷감으로 지은 성긴 옷을 입고, 삼나무로 만든 굽이 낮은 나막신을 신고, 커다란 모감주나무로 만든 염주를 가지고 있었다.31)

이에 "그 꼬락서니는 당최 안으로 들일 법하지 않다.32) 가당치 않은 상스러운 법사로군."이라며,33)

"그냥 대자리 가에 선 채로 가지기도를 올려야 마땅하겠다."라고 입을 모으고는,34) "층계 난간 아래에서 선 채로 계시오."라고 말씀을 내리셨다.35)

이에 층계 동쪽 난간에 그대로 선 채로 몸을 기대고 기도 올렸다.36)

악령에 시달리던 그분께서는 침소 깊은 곳에 누워계신다.37) 너무나도 고통스러워하는 목소리가 이따금 발 너머로 들려온다.38)

화상이 어렴풋이 그 목소리를 듣고서, 목청을 높여 가지기도를 올린다.39)

그 목소리는 마치 부동명왕이라도 나타나셨나 싶을 정도여서 저택에 있던 사람들의 몸에 난 털이 주뼛 서는 느낌이었다.40)

그렇게 한참이 지나자 그분께서 붉은 잠옷 두 장 남짓에 돌돌 말려서,41) 마치 공

---

30) 人々見れば、長高き僧の、鬼のごとくなるが、
31) 信濃布を衣に着、椙の平足駄をはきて、大木槵子の念珠を持てり。
32) 「その体、御前に召し上ぐべき者にあらず。
33) 無下の下種法師にこそ」とて、
34) 「ただ簀子の辺に立ちながら、加持申すべし」とおのおの申して、
35) 「御階の高欄のもとにて、立ちながら候へ」と仰せ下しければ、
36) 御階の東の高欄に立ちながら、押しかかりて祈り奉る。
37) 宮は寝殿の母屋に臥し給。
38) いと苦しげなる御声、時々、御簾の外に聞ゆ。
39) 和尚わづかにその声を聞きて、高声に加持し奉る。
40) その声明王も現じ給ひぬと、御前に候人々身の毛よだちて覚ゆ。
41) 暫しあれば、宮、紅の御衣二つばかりに押し包まれて、

같은 모양이 되어 드리워진 발 안에서 굴러 나오셔서,42) 화상 앞에 있는 대자리에 내팽개쳐지셨다.43)

이에 사람들이 법석을 떨며, "더할 나위 없이 볼썽사납다.44) 안으로 드시게 하고, 화상도 그리 드시오."라고 했다.45)

하지만 화상은 "이런 거지꼴이기에 어찌 들 수 있겠습니까?"라며 한사코 안으로 들지 않는다.46)

애당초 안으로 들이지 않았던 것이 편치 않아 울화통이 터져,47) 그냥 대자리에서 공 모양이 된 그분을 네댓 자 남짓 띄워 걷어찬다.48)

사람들이 몹시 당황하여 가림막 같은 것을 내와서는 펼쳐 가리고,49) 중문을 걸어 잠그고 사람들을 쫓아보지만, 너무나도 또렷이 보인다.50)

네댓 차례 남짓 걷어차고, 던지고 또 던지며 기도하니,51) 원래 있던 것처럼 방 안으로 던져 넣어졌다.52)

그러고 나서 화상은 자리를 떴다.53)

"잠시 계십시오."라며 막아보지만,54)

---

42) 鞠のごとく簾中よりころび出でさせ給うて、
43) 和尚の前の簀子に投げ置き奉る。
44) 人々騒ぎて、「いと見苦し。
45) 内へ入れ奉りて、和尚も御前に候へ」といへども、
46) 和尚、「かかる乞児の身にて候へば、いかでかまかり上るべき」とて、更に上らず。
47) 初め召し上げられざりしを、やすからず憤り思ひて、
48) ただ簀子にて、宮を四五尺あげて打ち奉る。
49) 人々しわびて、御几帳どもをさし出して、立て隠し、
50) 中門をさして、人を払へども、きはめて顕露なり。
51) 四五度ばかり、打ちたてまつりて、投げ入れ投げ入れ祈りければ、
52) もとのごとく、内へ投げ入れつ。
53) その後和尚まかり出づ。

"오랫동안 서 있다 보니 허리가 아픕니다."라며 귓등으로도 듣지 아니하고 떠나갔다.55)

그분은 그렇게 안으로 던져넣어지고 나서, 악령이 떨어져 마음이 개운해지셨다.56)

기도의 효험이 또렷하다고 하여 승도(僧都)로 임명할 것을 명하셨지만,57) "이러한 걸인이 어찌 승강(僧綱)에 오를 수 있겠습니까?"라며 되돌려보냈다.58)

그 이후에도 거듭 찾으셨지만,59) "도읍은 사람을 업신여기는 곳이다."라며 도통 찾아오지 않았다고 한다.60)

---

54) 「暫し候へ」ととどむれども、
55) 「久しく立ちて、腰痛く候」とて、耳にも聞き入れずして出でぬ。
56) 宮は投げ入れられて後、御物の怪さめて、御心地さはやかになり給ひぬ。
57) 験徳あらたなりとて、僧都に任ずべき由宣下せらるれども、
58) 「かやうの乞児は、何条僧綱になるべき」とて、返し奉る。
59) その後も召されけれど、
60) 「京は人を卑しうする所なり」とて、更に参らざりけるとぞ。

194. 죽을 날을 알기에1)

이것도 지금은 옛날, 나라(奈良)에 닌카이(仁戒) 상인(上人)이라는 사람이 있었다.2)

이는 야마시나데라(山階寺_나라(奈良)시에 있는 법상종(法相宗)의 대본산)라는 사찰의 승려다.3)

재주와 학문에 있어서 사찰 내에 이와 견줄 사람이 없었다.4)

그런데 갑작스레 구도에 힘쓰고자 하는 마음을 일으켜서, 사찰을 떠나려고 했다.5)

그러자 그때 도감스님6)인 고쇼(興正) 승도(僧都)가 너무나도 아쉬워하여,7) 막아서서는 내보내지 아니하신다.8)

이에 난처해진 승려는 서편 마을에 있는 사람의 여식을 아내로 삼아 통하고 있었다.9) 그러니 사람들이 조금씩 수군대기 시작했다.10)

---

1) 『日本古典文学全集』 [15巻9] 「仁戒上人往生の事」(닌카이 상인이 왕생한 일)
2) これも今は昔、南京に仁戒上人といふ人ありけり。
3) 山階寺の僧なり。
4) 才学、寺中にならぶ輩なし。
5) 然るに、にはかに道心を起して、寺を出でんとしけるに、
6) 원문의 「別当(べっとう)」는 승관(僧官)의 하나로, 서무(庶務) 등 절의 업무 전반을 관장하는 역할을 했다. 이를 스님 가운데 '절에서 돈이나 곡식 따위를 맡아보는 직책. 또는 그 사람'(표준국어대사전)의 뜻을 가진 〈도감(都監)스님〉으로 옮긴다.
7) その時の別当興正僧都、いみじう惜みて、
8) 制しとどめて出し給はず。
9) しわびて、西の里なる人の女を妻にして通ひければ、
10) 人々やうやうささやき立ちけり。

그런데 상인은 이를 사람들에게 널리 알리고자 하여,11) 그 집 대문에서 여인의 목을 껴안고, 여인의 뒤편에 달라붙어 있었다.12)

거기를 오가는 사람들이 이를 보고서, 고약하여 기막혀하기 짝이 없다.13)

이는 몹쓸 사람이 되고 말았다고 사람들에게 알리고자 함이었다.14)

그런데 그 여인과 함께 지내면서도 전혀 다가서는 법이 없다.15)

불당에 들어서 밤새도록 한숨도 자지 아니하고 눈물을 흘리며 수행했다.16)

이 일을 도감 승도가 듣고서 너무나도 귀히 여겨서 불러들였다.17)

이에 난처해진 승려는 거기에서 도망쳐서 가쓰라기노시모(葛下) 마을 지방 행정관18)의 사위가 되고 말았다.19)

염주 같은 것을 부러 들지 아니하고, 그저 마음속의 구도심만은 더욱 굳건히 하여 수행했다.20)

그런데 소노시모(添下) 마을 지방 행정관이 그 상인을 눈여겨보고, 몹시 귀하게 여겼기에,21) 정처도 없이 떠도는 그 꽁무니를 쫓아다니며, 옷과 음식, 목욕 같은 뒤치다꺼리를 했다.22)

---

11) 人にあまねく知らせんとて、
12) 家の門に、この女の頭に抱きつきて、後に立ち添ひたり。
13) 行き通る人見て、あさましがり、心憂がる事限なし。
14) 徒物になりぬと、人に知らせんためなり。
15) さりながら、この妻とあひ具しながら、更に近づく事なし。
16) 堂に入りて、夜もすがら眠らずして、涙を落して行ひけり。
17) この事を別当僧都聞きて、いよいよ貴みて、呼び寄せければ、
18) 원문의「郡司(ぐんじ)」는 옛날 지방 행정관이다. 태수(国司;こくし) 아래에서 군(郡)을 다스렸다. 지방 유력자 가운데 임명한다.
19) しわびて逃げて、葛下郡の郡司が聟になりにけり。
20) 念珠などをもわざと持たずして、ただ、心中の道心は、いよいよ堅固に行ひけり。
21) ここに添下郡の郡司、この上人に目をとどめて、深く貴み思ひければ、

이에 대해 닌카이(仁戒) 상인(上人)이 생각하길, 무슨 영문으로 이 행정관 부부가 정성을 다해 나를 쫓는가 하여,23) 그 뜻을 물었더니, 행정관이 대답하길,24)

"특별한 뭔가가 달리 있겠습니까? 그저 귀한 마음이 들기에 이처럼 모시는 것입니다.25) 다만 한 가지, 아뢰고자 하는 일이 있습니다."라고 한다.26)

"무엇인가?" 물으니,

"임종하실 때 어찌하면 뵐 수 있겠습니까?"라고 했다.27)

그러자 상인은 그건 자기 마음에 달린 일인 양 "더할 나위 없이 손쉬운 일이로군."이라고 대답했다.28)

이에 행정관은 손을 비비며 기뻐했다.29)

그리고 한참 지난 어느 겨울 눈이 내린 날 저녁 무렵에, 상인이 행정관의 집에 찾아왔다.30)

행정관이 기뻐하여 늘 있는 일이기에, 음식을 하인들에게도 시키지 아니하고,31) 부부가 손수 마련하여 드시도록 했다.32)

더운물로 목욕도 하고 자리에 누우셨다.33)

---

22) 跡も定めず歩きける尻に立ちて、衣食、沐浴等を營みけり。
23) 上人思ふやう、いかに思ひて、この郡司夫妻はねんごろに我を訪ふらんとて、
24) その心を尋ねければ、郡司答ふるやう、
25) 「何事か侍らん。ただ貴く思ひ侍れば、かやうに、仕るなり。
26) ただし一事、申さんと思ふ事あり」といふ。
27) 「何事ぞ」と問へば、「御臨終の時、いかにしてかあひ申すべき」といひければ、
28) 上人心に任せたる事のやうに、「いとやすき事にありなん」と答ふれば、
29) 郡司、手を摺りて悦びけり。
30) さて、年比過ぎて、ある冬、雪降りける日、暮方に、上人、郡司が家に来ぬ。
31) 郡司喜びて、例の事なれば、食物、下人どもにも營ませず、
32) 夫婦手づからみづからして召させけり。
33) 湯なども浴みて、臥しぬ。

새벽에는 또 행정관 부부가 일찍감치 일어나서 음식들을 갖가지로 마련했는데,34) 상인이 누워계신 쪽에서 이루 말할 수 없는 향기가 난다.35)

그 향기가 온 집안에 가득 들어차, 이는 필시 부처에 올리는 향을 피우신 까닭일 것으로 생각했다.36)

"새벽에 일찍 나가야겠다."라고 말씀하셨는데, 상인은 날이 밝도록 기침하시지 않는다.37)

행정관이 "죽을 마련했습니다. 이를 아뢰시오."라고 상인의 제자에게 말했다.38)

그러자 "성미가 고약하신 상인입니다.39) 섣불리 아뢰었다간 얻어맞고 말 겁니다.40) 이제 곧 기침하시겠지요."라고 하며 그냥 가만히 있었다.41)

그러고 있다가 해도 중천에 떴는데, 평소에는 이처럼 오래 주무시지 않으니,42) 의아하게 여겨 가까이 다가가서 여쭙지만 아무 소리도 나지 아니한다.43)

이에 문을 열고 들여다보니, 상인은 서편을 향해 단좌하고 합장한 채로 이미 돌아가신 상태였다.44)

참으로 놀라울 따름이다.45)

---

34) 暁はまた、郡司夫婦とく起きて、食物種々に営むに、
35) 上人の臥し給へる方、香ばしき事限なし。
36) 匂一家に充ち満ちて、これは名香などたき給ふなめりと思ふ。
37) 「暁はとく出でん」とのたまひつれども、上人、夜明くるまで起き給はず。
38) 郡司、「御粥出で来たり。この由申せ」と御弟子にいへば、
39) 「腹悪しくおはす上人なり。
40) 悪しく申して打たれ申さん。
41) 今起き給ひなん」といひて居たり。
42) さる程に、日も出でぬれば、例は、かやうに久しくは寝給はぬに、
43) 怪しと思ひて、寄りておとなひけれど、音なし。
44) 引きあけて見ければ、西に向ひ、端座合掌して、はや死に給へり。
45) あさましき事限なし。

행정관 부부와 제자들은 슬퍼 울부짖다가 또 귀히 여겨 조아리고 있었다.46)

새벽에 향내가 났던 것은 극락에서 마중 온 까닭이었다고 이제 깨달았다.47)

임종을 지키겠다고 아뢰었기에, 여기에 찾아오셨던 게라고,48) 그 행정관이 울며불며 장송까지도 도맡아 치렀다고 한다.49)

---

46) 郡司夫婦、御弟子どもなど、悲しみ泣きみ、かつは貴み拝みけり。
47) 暁香ばしかりつるは、極楽の迎なりけりと思ひ合す。
48) 終にあひ申さむと申ししかば、ここに来たり給ひてけるにこそと、
49) 郡司、泣く泣く葬送の事もとり沙汰しけるとなむ。

195. 어차피 전해질 일인데[1]

지금은 옛날, 당나라 진시황 시절에 천축(天竺)으로부터 승려가 건너왔다.[2]

천자가 이를 수상히 여기셔서 "너는 누구인가?[3] 무슨 일로 찾아왔는가?" 묻는다.[4]

승려가 아뢰길 "저는 석가모니불의 제자입니다.[5] 불법을 전하고자 하여, 머나먼 서천(西天)으로부터 찾아온 것입니다."라고 했다.[6]

그러자 천자가 성을 내시며 "그 모습이 너무나도 수상쩍구나.[7] 머리카락은 모두 벗겨졌다. 옷차림도 보통 사람과는 다르다.[8] 그런데 부처의 제자라고 이름을 댄다.[9] 부처란 무엇 하는 자인고?[10] 이는 괴상망측한 놈이다.[11] 그냥 돌려보낼 수 없겠다.[12]

---

1) 『日本古典文学全集』[15巻10]「秦始皇天竺より来たる僧禁獄の事」(진시황이 천축에서 찾아온 승려를 옥에 가둔 일)
2) 今は昔、唐の秦始皇の代に、天竺より僧渡れり。
3) 御門あやしみ給ひて、「これはいかなる者ぞ。
4) 何事によりて来たれるぞ」。
5) 僧申して日く、「釈迦牟尼仏の御弟子なり。
6) 仏法を伝へんために、遙に西天より来たり渡れるなり」と申しければ、
7) 御門腹立ち給ひて、「その姿きはめて怪し。
8) 頭の髪禿なり。衣の体人に違へり。
9) 仏の御弟子と名のる。
10) 仏とは何者ぞ。
11) これは怪しき者なり。
12) ただに返すべからず。

옥에 가두거라.13) 이제부터 이후로 이렇게 괴상망측한 말을 지껄이는 자는 죽여야 할 것이다."라고 하며,14) 옥에 처넣었다.15)

그리고 "옥 깊숙한 곳에 가둬두고, 중히 다스리거라."라고 선지를 내리셨다.16)

옥문지기는 선지를 그대로 따라, 중한 죄를 저지른 자를 두는 곳에 승려를 가둬두고,17) 문에 수많은 자물쇠를 잠가 두었다.18)

그 승려는 "못된 왕을 만나, 이렇게 험한 꼴을 당하는구나.19) 나의 스승인 석가모니 여래가 입멸한 이후라고 하더라도 또렷이 보실 것이다.20) 나를 살려주십시오."라고 정성을 다해 기도했다.21)

그러자 석가불이 일 장 육 척의 모습으로, 자줏빛 황금 광채를 내뿜으며,22) 하늘로부터 날아드셔서, 그 옥문을 짓밟아 깨부수고,23) 그 승려를 데리고 떠나가셨다.24)

그러는 차에 수도 없는 도둑들이 죄다 도망치고 말았다.25)

옥문지기가 하늘에서 무언가 울리는 소리가 나기에 나가서 보니,26) 금빛을 띤 승려

---

13) 人屋に籠めよ。
14) 今より後、かくのごとく怪しき事いはん者をば、殺さしむべきものなり」といひて、
15) 人屋に据ゑられぬ。
16) 「深く閉ぢ籠めて、重くいましめて置け」と宣旨を下されぬ。
17) 人屋の司の者、宣旨のままに、重く罪ある者置く所に籠めて置きて、
18) 戸にあまた錠さしつ。
19) この僧、「悪王にあひて、かく悲しき目を見る。
20) 我が本師釈迦牟尼如来、滅後なりとも、あらたに見給ふらん。
21) 我を助け給へ」と念じ入りたるに、
22) 釈迦仏、丈六の御姿にて、紫磨黄金の光を放ちて、
23) 空より飛び来たり給ひて、この獄門を踏み破りて、
24) この僧を取りて去り給ひぬ。
25) その次に、多くの盗人どもみな逃げ去りぬ。
26) 獄の司、空に物の鳴りければ、出でて見るに、

인데 광채를 내뿜는 것이, 키는 일 장 육 척인데,27) 하늘로부터 날아들어서 옥문을 짓밟아 깨부수고,28) 가둬두었던 천축에서 온 승려를 데리고 가는 소리였기에,29) 그런 사정을 아뢰었더니, 천자가 몹시 두려움에 떠셨다나 뭐라나.30)

그때 전하려고 했던 불법이 세월이 흘러 한(漢)나라 시절에 건너갔던 것이다.31)

---

27) 金の色したる僧の、光を放ちたるが、大さ丈六なる、
28) 空より飛び来たりて、獄の門を踏み破りて、
29) 籠められたる天竺の僧を、取りて行く音なりければ、
30) この由を申すに、帝、いみじくおぢ恐り給ひけりとなん。
31) その時に渡らんとしける仏法、世下りての漢には渡りけるなり。

196. 바로 지금[1]

지금은 옛날, 당나라에 장자(莊子)라고 하는 사람이 있었다.[2]

집이 매우 가난하여 오늘 먹을 양식이 그만 떨어지고 말았다.[3]

그런데 그 이웃에 감하후(監河侯)라고 하는 사람이 있었다.[4]

그 이웃에게 오늘 먹을 조(粟)를 구걸한다.[5]

그러자 하후가 말하길,

"이제 닷새 지나서 오십시오.[6] 천 냥의 금을 얻을 것이오. 그걸 드리겠소.[7] 어찌 이리 지체 높은 분에게 오늘을 넘길 만큼의 조를 드리겠습니까?[8] 두고두고 내 부끄러움이 될 겁니다."라고 했다.[9]

그러자 장자가 이르길,

"어제 길을 가는데 뒤편에서 부르는 소리가 있었습니다.[10] 뒤돌아보니 사람은 아무

---

1) 『日本古典文学全集』[15巻11]「後の千金の事」(나중 천금에 관한 일)
2) 今は昔、唐に莊子といふ人ありけり。
3) 家いみじう貧しくて、今日の食物絶えぬ。
4) 隣に監河侯といふ人ありけり。
5) それがもとへ、今日食ふべき料の粟を乞ふ。
6) 河侯が曰く、「今五日ありておはせよ。
7) 千両の金を得んとす。それを奉らん。
8) いかでかやんごとなき人に、今日参るばかりの粟をば奉らん。
9) 返す返すおのが恥なるべし」といへば、
10) 莊子の曰く、「昨日道をまかりしに、跡に呼ばふ声あり。

도 없었죠.11) 그저 수레바퀴 자국으로 파인 곳에 생긴 작은 물웅덩이에 붕어 한 마리가 펄떡이고 있었어요.12) 어찌 된 붕어일까 생각하여 다가가서 살펴보니,13) 작은 물웅덩이에 엄청나게 커다란 붕어가 있었어요.14) '무엇 하는 붕어인가?'라고 묻자, 붕어가 이르길 '나는 하백신(河伯神)의 심부름으로 강호(江湖)로 가는 길입니다.15) 그런데 잘못 뛰어서 이 웅덩이에 떨어지고 말았습니다.16) 목이 말라 죽을 것 같습니다.17) 나를 살려달라 불렀던 것입니다.'라고 합니다.18) 이에 내가 대답하길 '내가 이제 이삼일 지나서 강호라는 곳에 쉬러 가려고 해요.19) 거기로 가지고 가서 놓아줄게요.'라고 했어요.20) 그러자 붕어가 이르길 '도무지 그때까지 기다릴 수 없겠습니다.21) 그냥 오늘 한 숟가락 정도의 물을 가지고 목을 축이게 하십시오.'라고 했어요.22) 그래서 그렇게 하여 살려냈습니다.23) 붕어가 했던 말이 바로 지금 내 처지와 같습니다.24) 아무래도 지금 이 목숨은 음식을 먹지 못해서는 살 수 없을 겁니다.25) 나중에 줄 천 량의 돈은

---

11) 顧みれば人なし。
12) ただ車の輪跡のくぼみたる所にたまりたる少水に、鮒一つふためく。
13) 何ぞの鮒にかあらんと思ひて、寄りて見れば、
14) 少しばかりの水に、いみじう大なる鮒あり。
15) 『何ぞの鮒ぞ』と問へば、鮒の曰く、『我は河伯神の使に、江湖へ行くなり。
16) それが飛びそこなひて、この溝に落ち入りたるなり。
17) 喉乾き死なんとす。
18) 我を助けよと思ひて、呼びつるなり』といふ。
19) 答へて曰く、『吾今二三日ありて、江湖もとといふ所に遊にに行かんとす。
20) そこにもて行きて放さん』といふに、
21) 魚の曰く、『更にそれ迄え待つまじ。
22) ただ今日一提ばかりの水をもて、喉をうるへよ』といひしかば、
23) さてなん助けし。
24) 鮒のいひし事、我が身に知りぬ。
25) 更に今日の命、物食はずは生くべからず。

아무런 쓸모가 없어요."라고 했다.26)

이 일이 있고 나서 '나중 천금'이라는 말이 널리 유명해졌다.27)

---

26) 後の千の金更に益なし」とぞいひける。
27) それより、後の千金といふ事名誉せり。

197. 공자의 실패담[1]

이것도 지금은 옛날, 당나라에 유하혜(柳下惠)라고 하는 사람이 있었다.[2]

세상에 널리 알려진 현자로 사람들로부터 중히 여겨지고 있었다.[3]

그 동생으로 도척(盜跖)이라고 하는 자가 있다.[4]

어떤 산기슭에 거처하며 온갖 못된 자들을 불러 모아서,[5] 자신의 한패로 삼아서는, 다른 사람의 물건을 제 것으로 빼앗았다.[6]

어딘가로 갈 때는 그 못된 자들을 이끌고 가는데 그게 이삼천 명에 이른다.[7]

길에서 마주친 사람을 멸하고, 욕을 보이고, 옳지 않은 온갖 짓거리를 즐겨 저지르는데,[8] 유하혜가 길을 가다가 공자와 마주쳤다.[9]

공자가 "어디에 가십니까?[10] 내가 뵙고 아뢰고자 하는 일이 있었는데, 용하게 여기에서 마주쳤습니다."라고 했다.[11]

---

1) 『日本古典文学全集』 [15巻12] 「盜跖と孔子と問答の事」(도척이 공자와 문답한 일)
2) これも今は昔、唐に、柳下惠といふ人ありき。
3) 世のかしこき者にして、人に重くせらる。
4) その弟に盜跖といふ者あり。
5) 一つの山の懷に住みて、もろもろの惡しき者を招き集めて、
6) おのが伴侶として、人の物をば我が物とす。
7) 歩く時この惡しき者どもを具する事、二三千人なり。
8) 道にあふ人を滅し、恥を見せ、よからぬ事の限を好みて過すに、
9) 柳下惠道を行く時に、孔子にあひぬ。
10) 「いづくへおはするぞ。

이에 유하혜가 "무슨 일입니까?"라고 묻는다.12)

　　"일깨워 아뢰고자 하는 것은, 그쪽 동생분이,13) 온갖 못된 짓을 끝없이 즐겨, 수도 없는 사람들을 울리는데, 어찌 가로막지 않으십니까?"14)

　　이에 유하혜가 대답하여 이르길,

　　"내가 하고자 하는 말을 조금도 받아들이려고 하지 않습니다.15) 그러기에 한숨만 지으며 세월을 보내고 있는 겁니다."라고 한다.16)

　　이에 공자가 이르길,

　　"그쪽이 일깨우시지 않는다면 내가 가서 일깨우겠습니다. 어떻겠습니까?"17)

　　이에 유하혜가 이르길,

　　"절대로 가셔서는 아니 됩니다.18) 온갖 말을 다 해서 일깨우시더라도, 그에 따를 자가 아닙니다.19) 오히려 나쁜 일이 생길 겁니다. 있어서 될 일이 아닙니다."20)

　　그러자 공자가 이르길,

　　"아무리 못됐다고 해도, 인간의 몸을 가진 자는,21) 있는 그대로 옳은 말을 하면, 그걸 따르는 일이 이따금 있는 법입니다.22) 게다가 '나쁜 일이 생길 거야. 설마 듣기야

---

11) みづから対面して聞えんと思ふ事のあるに、かしこくあひ給へり」といふ。
12) 柳下恵、「いかなる事ぞ」と問ふ。
13) 「教訓し聞こえんと思ふ事は、そこの舎弟、
14) もろもろの悪しき事の限を好みて、多くの人を歎かする、など制し給はぬぞ」。
15) 柳下恵答へて曰く、「おのれが申さんことを、敢へて用ふべきにあらず。
16) されば歎きながら年月を経るなり」といふ。
17) 孔子の曰く、「そこ教へ給はずは、我行きて教へん。いかがあるべき」。
18) 柳下恵曰く、「更におはすべからず。
19) いみじき言葉を尽して教へ給ふとも、なびくべき者にあらず。
20) 返つて悪しき事出で来なん。あるべき事にあらず」。
21) 孔子曰く、「悪しけれど、人の身を得たる者は、
22) おのづからよき事をいふに、つく事もあるなり。

하겠어?'라고 하는 것은 잘못된 일입니다.23) 잘 지켜보십시오. 일깨워 보이겠습니다."라는 말을 뱉어놓고, 도척이 있는 곳으로 향하셨다.24)

거기에 당도하여 말에서 내려 문 앞에 서서 가만히 살펴보니,25) 거기에 우글대는 자들이, 짐승이며 새들을 잡아 죽이고, 온갖 못된 짓거리를 한데 모아 놓은 꼴이었다.26)

사람을 불러서 "노나라 공자라는 사람이 찾아왔다."라고 전갈을 넣었다.27)

그러자 이내 심부름꾼이 돌아와서 "소문으로 듣는 사람이로군.28) 무슨 일로 찾아왔는가?29) 사람을 일깨우는 사람이라 들었다. 나를 일깨우고자 찾아온 것인가?30) 내 마음에 흡족하면 따를 것이오.31) 그렇지 않다면 네 간장을 회 뜨겠소."라고 한다.32)

그러자 공자가 앞으로 나아가, 마당에 서서, 우선 도척에게 인사하고, 안으로 들어 자리를 잡는다.33)

도척을 살펴보니 머리카락은 곤두서서 헝클어졌는데 마치 쑥과 같다.34) 눈은 커다란데 눈알을 뒤룩뒤룩 굴린다.35) 코를 벌렁거리고, 이빨을 꽉 깨물고, 수염을 젖히고

---

23) それに、『悪しかりなん。よも聞かじ』といふ事は、僻事なり。
24) よし見給へ。教へて見せ申さん」と、言葉を放ちて、盗跖がもとへおはしぬ。
25) 馬よりおり、門に立ちて見れば、
26) ありとあるもの、獣、鳥を殺し、もろもろの悪しき事を集へたり。
27) 人を招きて、「魯の孔子といふ者なん参りたる」と言ひ入るるに、
28) 即ち使帰りて曰く、「音に聞く人なり。
29) 何事によりて来たれるぞ。
30) 人を教ふる人と聞く。我を教へに来たれるか。
31) 我が心にかなはば用ひん。
32) かなはずは肝膽に作らん」といふ。
33) その時に、孔子進み出でて、庭に立ちて、まづ盗跖を拝みて、上りて座に着く。
34) 盗跖を見れば、頭の髪は上ざまにして、乱れたる事蓬のごとし。
35) 目大にして、見くるべかす。

앉아 있다.36)

　도척이 이르길 "네가 찾아온 이유는 무엇이냐?37) 똑바로 말하거라."라고 성난 목소리로 거칠게 겁을 주며 말한다.38)

　공자가 생각하시길, 일찍이 들었던 일이지만, 이렇게까지 살벌한 자라고는 생각하지 못했다.39) 생김새며 차림새며 목소리까지 도무지 사람으로는 보이지 않는다.40)

　간담이 서늘해져서 몹시 떨리지만, 마음을 다잡고 이르길,41)

　"사람이 세상에 존재하는 모습은, 도리를 가지고 몸을 꾸미고, 마음의 법도로 삼는 것입니다.42) 하늘을 우러러 받들고, 땅을 딛고 서서, 사방을 견고하게 하여, 조정을 떠받들어 섬깁니다.43) 아랫사람을 가엾게 여기고, 다른 이에게 정을 베푸는 것을 일로 삼기 마련입니다.44) 그런데 듣자 하니, 그렇게 마음 내키는 대로, 못된 짓만 일삼는 것은,45) 당시에는 마음에 흡족할 테지만, 그 끝이 좋지 않은 법입니다.46) 그러니 역시 사람은 올바른 쪽에 따르는 것을 옳다 할 것입니다.47) 그러하니 아뢰는 말에 따라 행동해야 마땅할 겁니다.48) 그것을 이야기하고자 하여 찾아온 것입니다."라고 했다.49)

---

36) 鼻をふきいからかし、牙をかみ、鬚をそらして居たり。
37) 盗跖が曰く、「汝来たれる故はいかにぞ。
38) たしかに申せ」と、怒れる声の、高く恐ろしげなるをもていふ。
39) 孔子思ひ給ふ、かねても聞きし事なれど、かくばかり恐ろしき者とは思はざりき。
40) かたち、有様、声まで人とは覚えず。
41) 肝心も砕けて、震はるれど、思ひ念じて曰く、
42) 「人の世にある様は、道理をもて、身の飾とし、心の掟とするものなり。
43) 天をいただき、地を踏みて、四方を固めとし、おほやけを敬ひ奉る。
44) 下を哀みて、人に情をいたす事とするものなり。
45) 然るに承れば、心のほしきままに、悪しき事をのみ事とするは、
46) 当時は心にかなふやうなれども、終悪しきものなり。
47) さればなほ、人はよきに随ふをよしとす。
48) 然れば申すに随ひていますかるべきなり。

그러자 도척이 우레와 같은 목소리로 웃고는 말했다.50)

"네가 하는 말들은 어느 하나 들어맞지 않는다.51) 그 까닭은, 옛날 요순이라고 하는 두 임금이 세상에서 귀하게 섬김을 받으셨다.52) 하지만 그 자손은 세상에 바늘을 찔러넣을 만큼의 땅도 다스리지 못한다.53) 또한 세상에 알려진 현인으로 백이(伯夷)와 숙제(叔齊)가 있다.54) 이들은 수양산(首陽山)에 숨었다가 굶어 죽었다.55) 또한 그쪽 제자로 안회(顔回)라고 하는 사람이 있었다.56) 훌륭하게 가르치셨지만, 불행하게도 명이 짧았다.57) 또한 같은 제자로서 자로(子路)라는 사람이 있었다.58) 그런데 위(衛)나라의 성문에서 죽임당했다.59) 그러기에 슬기로운 자가 끝까지 슬기롭다는 법도 없다.60) 나는 또한 못된 짓을 즐겨하지만, 재앙이 내게 찾아오지 않았다.61) 칭송받는 자는 네댓새밖에 이어지지 않는다.62) 욕먹는 자도 또한 네댓새밖에 이어지지 않는다.63) 못된 일이건 올바른 일이건 오래도록 칭송받거나 오래도록 욕먹지 아니한다.64) 그러니 내 마음

---

49) その事申さんと思ひて、参りつるなり」といふ時に、
50) 盗跖、雷のやうなる声をして、笑ひて日く、
51) 「汝がいふ事ども、一つ当らず。
52) その故は、昔、堯、舜と申す二人の帝、世に貴まれ給ひき。
53) 然れどもその子孫、世に針さすばかりの所を知らず。
54) また世にかしこき人は、伯夷、叔斉なり。
55) 首陽山に伏せり、飢ゑ死にき。
56) またそこの弟子に、顔回といふ者ありき。
57) かしこく教へ給ひしかども、不幸にして命短し。
58) また同じき弟子にて、子路といふ者ありき。
59) 衛の門にして殺されき。
60) 然あれば、かしこき輩は、遂にかしこき事もなし。
61) 我また悪しきことを好めども、災身に来たらず。
62) ほめらるるもの、四五日に過ぎず。
63) そしらるるもの、また四五日に過ぎず。

이 이끄는 대로 몸놀림 해야 마땅하겠다.65) 너는 또한 나무를 꺾어 쓰개로 삼고, 가죽을 가지고 옷을 지으며,66) 세상을 두려워하여, 조정에 조아리지만,67) 재차 노나라에서 쫓겨나고, 머물 곳을 위나라에서 치워졌다.68) 어찌 슬기롭다고 하겠나?69) 당신이 하는 말은 참으로 어리석기 짝이 없소.70) 냉큼 달음박질하여 돌아가시오.71) 어느 하나 쓸 것이 없소."라고 했다.72)

그러자 공자가 더 이상 건넬 말이 떠오르지 않아, 자리에서 일어나 서둘러 나와 말에 오르시는데,73) 제대로 겁먹은 탓인지, 재갈을 재차 놓치고, 말등자를 연거푸 헛디뎠다.74)

이를 세상 사람들이 '공자가 넘어지다.'75)라고 하는 것이다.76)

---

64) 悪しき事もよき事も、長くほめられ、長くそしられず。
65) 然れば、我が好みに随ひ振舞ふべきなり。
66) 汝また木を折りて冠にし、皮をもちて衣とし、
67) 世を恐り、おほやけにおぢ奉るも、
68) 二たび魯に移され、跡を衛に削らる。
69) などかしこからぬ。
70) 汝がいふ所、まことに愚かなり。
71) すみやかに走り帰りね。
72) 一つ用ゆべからず」といふ時に、
73) 孔子またいふべき事覚えずして、座を立ちて、急ぎ出でて、馬に乗り給ふに、
74) よく臆しけるにや、轡を二たび取りはづし、鐙をしきりに踏みはづす。
75) 『広辞苑』에는 「孔子(くじ)の倒(たお)れ」가 표제어로 등재되어 있으며 '공자와 같은 성인(聖人)이라도 실패하는 경우가 있다는 것의 비유'라는 풀이가 있다.
76) これを世の人、「孔子倒れす」といふなり。

1. 출생의 비밀

지금은 옛날, 대나무꾼 할아버지라고 부르는 사람이 살고 있었다.1)

그 할아버지는 들판이며 언덕이며 헤집고 들어가서 늘 대나무를 해다가 온갖 일에 쓰고 있었다.2)

이름을 사누키노 미야쓰코라고 했다.3)

어느 날 할아버지가 찾아간 대나무숲 안에, 밑동이 환하게 빛나는 대나무가 한 그루 있었다.4)

기이한 마음이 들어 살그머니 다가가서 가만히 살펴보니, 통 안에서 빛이 뿜어나오고 있다.5)

거기를 다시 가만히 들여다보니, 세 치 남짓한 몸집을 가진 사람이 더없이 사랑스러운 자태로 앉아 있었다.6)

그걸 보고 할아버지가 말하길,

"내가 아침이고 저녁이고 거르지 않고 둘러보는 대나무 가운데 계시기 때문에 알아차릴 수 있었구나.7) 내 자식8)이 되셔야 마땅한 사람인 모양이다."라며,9) 손에 고이

---

1) いまはむかし、たけとりの翁といふものありけり。
2) 野山にまじりて竹をとりつつ、よろづのことにつかひけり。
3) 名をば、さぬきのみやつことなむいひける。
4) その竹の中に、もと光る竹なむ一すぢありける。
5) あやしがりて、寄りて見るに、筒の中光りたり。
6) それを見れば、三寸ばかりなる人、いとうつくしうてゐたり。
7) 翁いふやう、「我朝ごと夕ごとに見る竹の中におはするにて知りぬ。

담아서 집으로 가지고 돌아왔다.10)

그리고 아내인 할멈에게 맡겨 보살피도록 했다.11)

사랑스럽기가 그지없다.12)

그런데 몸집이 너무 작아서 광주리에 담아 보살핀다.13)

그러고서 대나무꾼 할아버지가 대나무를 하는데, 이 아이를 찾아내고 난 연후에 대나무를 하는데,14) 마디를 사이에 두고, 모든 마디마디마다 황금으로 가득 들어찬 대나무를 찾아내는 일이 자꾸 되풀이되었다.15)

그러다 보니 할아버지는 점점 부유해져 간다.16)

그렇게 이 아이를 보살피고 있었는데, 쑥쑥 커서 금세 커다랗게 자랐다.17)

석 달 남짓이 지날 즈음이 되자, 성인이라고 해도 좋을 법한 몸집으로 커졌기에,18) 머리를 올리게 하고19), 예복20)을 입히는 성인 예식을 치렀다.21)

---

8) 원문은 「こ」가 되어야 한다는 것인데, 「こ」를 한자로 변환하면 「子」일 수도 있으나 「籠」 역시 읽는 법이 같다. 전자는 '자식'의 뜻이고 후자는 '광주리'의 뜻으로, 같은 발음을 활용한 익살로 봐야겠다.
9) 子になりたまふべき人なめり」とて
10) 手にうちいれて、家へ持ちて来ぬ。
11) 妻の嫗にあづけてやしなはす。
12) うつくしきこと、かぎりなし。
13) いとをさなければ、籠に入れてやしなふ。
14) たけとりの翁、竹を取るに、この子を見つけて後に竹取るに、
15) 節をへだてて、よごとに、黄金ある竹を見つくることかさなりぬ。
16) かくて、翁やうやうゆたかになりゆく。
17) この兒、やしなふほどに、すくすくと大きになりまさる。
18) 三月ばかりになるほどに、よきほどなる人になりぬれば、
19) 원문의 「髪上(かみあ)げ」는 열둘에서 열네댓 살이 된 여자아이를 결혼 적령기에 든 것으로 보고, 이전에 양쪽으로 늘어뜨려 길렀던 머리카락을 묶어 올리고 비녀를 꼽는 성인 예식이다.
20) 원문의 「裳(も)」는 아랫도리에 두른 치마와 같은 모양의 성인 여성의 의복인데, 이것을 입히는 예식을 위 '髪上(かみあ)げ'와 함께 거행한다.
21) 髪あげなどとかくして髪あげさせ、裳着す。

밖에서는 들여다보이지 않게 쳐놓은 가림막 안쪽에 모셔두고는 밖으로 내지 아니하고, 고이 보살핀다.22)

이 아이의 생김새는 아름답기가 세상에 달리 없고, 집 안은 어두운 곳 하나 없이 빛으로 가득했다.23)

할아버지는 심기가 편치 않거나 쓰릴 때도, 이 아이를 보기에 힘든 것도 모두 사라졌다.24)

울화가 치미는 일도 그만 가라앉았다.25)

할아버지가 대나무를 하는 일이 그렇게 한참 이어졌다.26)

그리하여 할아버지는 부귀영화를 누리는 귀한 사람이 되었다.27)

그러다가 이 아이가 무척 성장했기에, 미무로도임베(御室戸斎部) 아키타(秋田)라는 작명가를 불러들여서, 그 이름을 짓도록 했다.28)

이에 아키타는 나요타케(なよ竹_부드러운 대나무) 가구야히메라고 이름 붙였다.29)

그리고 이 일을 전후해서 사흘 동안 크게 잔치를 벌였다.30)

흥을 돋우는 온갖 잔치를 베풀었다.31)

사내라면 누구든 가리지 않고 불러들여서, 더할 나위 없이 성대한 잔치를 즐겼다.32)

---

22) 帳の内よりもいださず、いつきやしなふ。
23) この兒のかたちのきよらなること世になく、屋の内は暗き所なく光満ちたり。
24) 翁、心地悪しく、苦しき時も、この子を見れば苦しきこともやみぬ。
25) 腹立たしきこともなぐさみけり。
26) 翁、竹をとること、久しくなりぬ。
27) 勢、猛の者になりにけり。
28) この子、いと大きになりぬれば、名を、御室戸斎部の秋田をよびて、つけさす。
29) 秋田、なよ竹のかぐや姫と、つけつ。
30) このほど三日、うちあげ遊ぶ。
31) よろづの遊びをぞしける。

2. 온통 소문이 자자한데

온 세상의 사내들은, 지체가 높든지 아니면 천하든지,1) 어떻게든 이 가구야히메를 얻고 싶다 보고 싶다고 하여,2) 소문을 듣고 홀려서 넋이 나가 있다.3)

그 주변에 있는 담벼락이며, 집의 대문이며,4) 집안에 함께 사는 사람조차 쉽사리 가구야히메를 볼 수 없는데,5) 밤에는 편안하게 잠도 자지 않고 달이 뜨지 않아 칠흑같이 어두운 밤중에 밖으로 나가서는,6) 구멍을 뚫어 그 틈새로 엿보며 넋이 나가 헤어나지 못하고 있었다.7)

바로 그때부터 '요바이8)'라는 말이 생겼다.9)

---

32) 男はうけきらはず招び集へて、いとかしこく遊ぶ。
1) 世界の男、あてなるも、賤しきも、
2) いかでこのかぐや姫を得てしがな見てしがなと、
3) 音に聞きめでて惑ふ。
4) そのあたりの垣にも、家の門にも、
5) をる人だにたはやすく見るまじきものを、
6) 夜は安きいも寝ず闇の夜にいでても、
7) 穴をくじり、垣間見、惑ひあへり。
8) 원문은 「よばひ」인데 「よばい(婚)」에 대한 『広辞苑』의 풀이는 다음과 같다. 「①구혼(求婚)하는 것. 말을 걸어 가까이 다가가는 것. ②(「夜這」라고 붙임) 밤중에 연인이 머무는 곳에 슬그머니 찾아가는 것. 상대방의 침소에 숨어드는 것.」 이처럼 『竹取物語』에서는 이야기의 흐름에 맞춰 어원(語源) 풀이가 보태지며 단락을 맺는 전개가 이어진다.
9) さる時よりなむ、「よばひ」とはいひける。

3. 보다보다 못해서

넋이 나간 사내들은 남들이 하나 신경도 쓰지 않는 곳에서 헤매어 돌아다녀 보지만, 아무런 쓸모도 있을 법하지 않다.1)

집안에서 일 보는 사람들에게 말이라도 한마디 걸어보려 치근덕거려보지만 귓등으로도 듣지 않는다.2)

그렇게 주변을 떠나지 못하는 나리들이, 밤을 지새우고, 낮에는 얼쩡거리는 일이 허다하게 있었다.3)

그런데 다른 이에 견줘 떨어지는 사람은 "볼일도 없이 어슬렁거리는 건 쓸데없는 짓이었다."라며 찾아오지 않게 되고 말았다.4)

하지만 그 가운데 여전히 남아서 치근덕거렸던 것은, 풍류를 즐긴다고 일컬어지는 다섯 사람인데,5) 생각을 고쳐먹지 않고 밤이고 낮이고 찾아왔다.6)

그 이름을 말하자면, 이시쓰쿠리노미코(石作の皇子), 구라모치노미코(くらもちの皇子)와 같은 왕자와,7) 우대신(右大臣)인 아베노미우시(阿倍御主人), 다이나곤(大納言)인 오토모노미유키(大伴御行), 추나곤(中納言)인 이소노카미노마로타리(石上麿足)와 같은 지체 높은 벼

---

1) 人の物ともせぬ所に惑ひ歩けども、何のしるしあるべくも見えず。
2) 家の人どもに物をだにいはむとて、いひかくれども、こともともせず。
3) あたりを離れぬ君達、夜を明かし、日を暮らす、多かり。
4) おろかなる人は、「用なき歩きは、よしなかりけり」とて来ずなりにけり。
5) その中に、なほひけるは、色好みといはるるかぎり五人、
6) 思ひやむ時なく、夜昼来けり。
7) その名ども、石作の皇子、くらもちの皇子、

슬아치들,8) 이러한 사람들이었다.9)

　세상에 흔하디흔한 여느 여인네라고 하더라도, 조금이라도 생김새가 괜찮다는 소문을 들을라치면,10) 보고 싶어 하는 사람들이었기 때문에, 가구야히메를 보고 싶어 하여,11) 아무것도 먹지 않고 줄기차게 그 생각에 사로잡혀, 그 집으로 찾아가서 어슬렁어슬렁 돌아다녀 보지만,12) 하나 소용이 있을 법하지도 않다.13)

　글월을 적어서 보내보지만, 아무런 답장도 돌아오지 않는다.14)

　가여운 처지를 읊은 노래를 적어 보내지만, 아무 소용이 없어 보였지만,15) 동짓달 섣달에 눈이 내려 얼어붙고, 유월 따가운 햇볕이 내리쬐어도, 아랑곳하지 않고 찾아온다.16)

　이 사람들은 할아버지가 집에 있을 때면 대나무꾼 할아버지를 불러내서는,17)

　"따님을 저에게 주십시오."라고 엎드려 조아리고, 손을 비비며 말씀하지만,18)

---

8) 여기에 등장하는 인물들에 대해 『竹取物語』를 교주(校注)하고 해설한 가타기리 요이치(片桐洋一)는 다음과 같이 언급하는데(p.35), 여기에서는 그 내용을 한국어로 옮기고 일부 정리하여 아래에 인용하도록 하겠다. 『다케토리모노가타리(竹取物語)』에 등장하는 구혼자 가운데 우대신(右大臣) 아베노미우시(阿倍御主人)와 다이나곤(大納言) 오토모노미유키(大伴御行) 두 사람은 덴무(天武_재위 673-686)・지토(持統_재위 690-697) 두 덴노(天皇) 시절에 활약한 실재 인물로 『니혼쇼키(日本書紀)』와 『쇼쿠니혼기(續日本紀)』에 보인다. 또한 추나곤(中納言) 이소노카미노마로타리(石上麿足)도 위 두 인물과 같은 시대에 이소노가미노마로(石上麿呂)라는 인물이 있으며, 이는 추나곤과 다이나곤을 거쳐 704년에 우대신, 707년에는 좌대신에 오른다.

9) 右大臣阿倍御主人、大納言大伴御行、中納言石上麿足、この人々なりけり。
10) 世の中に多かる人をだに、少しもかたちよしと聞きては、
11) 見まほしうする人どもなりければ、かぐや姫を見まほしうして、
12) 物も食はず思ひつつ、かの家に行きて、たたずみ歩きけれど、
13) 甲斐あるべくもあらず。
14) 文を書きて、やれども、返りごともせず。
15) わび歌など書きておこすれども、甲斐なしと思へど、
16) 十一月・十二月の降り凍り、六月の照りはたたくにも、障らず来たり。
17) この人々、在る時は、たけとりを呼びいでて、

"제가 낳지 않은 아이이기에, 제 뜻에도 따르지 않고 있습니다."라며 세월을 보낸다.19)

그러니 이 사람들이 제집으로 돌아가서, 이리저리 궁리하고, 기도를 올리고, 기원한다.20)

도무지 생각을 그만둘 것 같지도 않다.21)

"아무리 그렇다 하더라도 언젠가는 사내를 들이지 않겠는가?"라고 생각하며 여전히 기대를 걸고 있다.22)

그리고 억지스럽게 애정을 뽐내며 여기저기 돌아다닌다.23)

이를 알아보고, 할아버지가 가구야히메에게 이렇게 말한다.24)

"내 사랑하는 아이인데, 둔갑한 사람이라고는 하지만,25) 이만한 크기까지 보살펴드린 애정이 남에 못 미치지 않습니다.26) 이 할아범이 아뢰고자 하는 이야기를 들어주시면 좋겠습니다."라고 했다.27)

그러자 가구야히메는 "무슨 하시려는 말씀을 받잡지 아니하겠습니까?28) 둔갑한 사람이라고 하는데 그런 처지인 줄도 모르고 그저 부모라고만 생각해 왔습니다."라고 한다.29)

---

18)「娘を我に賜べ」と、伏し拝み、手をすりのたまへど、
19)「おのが生さぬ子なれば、心にもしたがはずなむある」といひて、月日すぐす。
20) かかれば、この人々、家に帰りて、物を思ひ、祈りをし、願を立つ。
21) 思ひ止むべくもあらず。
22)「さりとも、つひに男あはせざらむやは」と思ひて頼みをかけたり。
23) あながちに、心ざしを見え歩く。
24) これを見つけて、翁、かぐや姫にいふやう、
25)「我が子の仏、変化の人と申しながら、
26) ここら大きさまでやしなひたてまつる心ざしおろかならず。
27) 翁の申さむこと、聞き給ひてむや」といへば、
28) かぐや姫、「何事をか、のたまはむことは、うけたまはらざらむ。
29) 変化の者にて侍りけむ身とも知らず、親とこそ思ひたてまつれ」といふ。

이에 할아버지는 "너무나도 행복한 말씀을 하시는군요."라고 한다.30)

그리고 "이 할아범은 이제 나이가 일흔 하고도 남음이 있습니다.31) 오늘 갈지 내일 갈지도 모릅니다.32) 이 세상 사람이라면 사내는 여인과 합하게 됩니다.33) 그리고 여인은 사내와 합하게 됩니다.34) 그러고 나서 일문이 번성하게도 됩니다.35) 어찌 그러한 일 없이, 그냥 홀로 계실 수 있겠습니까?"라고 했다.36)

이에 가구야히메가 말하길 "어찌 그러한 일이 있겠습니까?"라고 했다.37)

그러자 할아버지가 "둔갑한 사람이라고 하더라도, 여인의 몸을 가지고 계십니다.38) 이 할아범이 살아 있는 동안에는 이렇게라도 계실 수 있겠지요.39) 이 사람들이 오랜 시간에 걸쳐 한결같이 이렇게 찾아와서 말씀하시는 것을,40) 잘 살펴 마음을 정하여 한 사람 한 사람과 만나보십시오."라고 했다.41)

그러자 가구야히메가 말하길 "보잘 것도 없는 생김새인데,42) 깊은 마음도 모르는 채 만났다가, 나중에 변심한다면,43) 후회하는 일도 있겠거니 생각할 따름입니다.44)

---

30) 翁、「嬉しくものたまふものかな」といふ。
31) 「翁、年七十に余りぬ。
32) 今日とも明日とも知らず。
33) この世の人は、男は女にあふことをす。
34) 女は男にあふことをす。
35) その後なむ門広くもなりはべる。
36) いかでかさることなくてはおはせむ」。
37) かぐや姫のいはく、「なんでふ、さることかしはべらむ」といへば、
38) 「変化の人といふとも、女の身持ちたまへり。
39) 翁の在らむかぎりはかうてもいますがりなむかし。
40) この人々の年月を経て、かうのみいましつつのたまふことを、
41) 思ひさだめて、一人一人にあひたてまつりたまひね」といへば、
42) かぐや姫のいはく、「よくもあらぬかたちを、
43) 深き心も知らで、あだ心つきなば、

지체 높은 사람이라고 하더라도, 깊은 애정을 몰라서는,45) 만나기 어렵다고 생각합니다."라고 한다.46)

이에 할아버지가 말하길 "내 생각과 다르지 않은 말씀을 하시는군요.47) 그건 그런데 어떤 애정이 있는 사람과 만나겠다고 하십니까?48) 그렇게 애정이 빠지지 않는 사람들로 보입니다."라고 한다.49)

그 말을 받아 가구야히메가 말하길 "어느 정도의 깊이를 보겠다고 하겠습니까?50) 소소한 일입니다.51) 사람의 애정이란 모두 비등비등하기 마련입니다.52) 어찌 그 가운데 빠짐과 나음을 알겠습니까?53) 그러니 다섯 사람 가운데, 내가 갖고 싶은 물건을 보여주시는 분이,54) 애정이 남보다 낫다고 하여, 모시도록 할 것이라고,55) 거기에 계신다고 하는 사람들에게 아뢰시도록 하십시오."라고 한다.56)

이에 할아버지는 "좋습니다."라고 받아들였다.57)

---

44) 後くやしきこともあるべきを、と思ふばかりなり。
45) 世のかしこき人なりとも、深き心ざしを知らでは、
46) あひがたしとなむ思ふ」といふ。
47) 翁のいはく、「思ひのごとくものたまふかな。
48) そもそも、いかやうなる心ざしあらむ人にかあはむと思す。
49) かばかり心ざしおろかならぬ人々にこそあめれ」。
50) かぐや姫のいはく、「何ばかりの深きをか見むといはむ。
51) いささかのことなり。
52) 人の心ざしひとしかんなり。
53) いかでか、中におとりまさりは知らむ。
54) 五人の中に、ゆかしき物を見せたまへらむに、
55) 御心ざしまさりたりとて、仕うまつらむと、
56) そのおはすらむ人々に申したまへ」といふ。
57) 「よきことなり」と受けつ。

4. 가구야히메가 원하는 것은

날이 저물 무렵에 그 다섯 나리가 모여들었다.1)

어떤 이는 피리를 불고, 또 어떤 이는 노래를 부르며,2) 또 어떤 이는 가락을 흥얼거리고, 또 어떤 이는 휘파람을 불고, 또 부채로 장단을 맞추거나 했다.3)

이에 할아버지가 나가서 이르길 "황송하게도 누추한 곳에,4) 오랜 세월에 걸쳐 찾아오신 일이 더할 나위 없이 몸 둘 바를 모르겠습니다."라고 아뢴다.5)

그리고 또 이렇게 말한다. "내가 가구야히메에게 '이 할아비의 목숨이 오늘 갈지 내일 갈지도 모르는데,6) 이렇게 찾아와서 말씀하시는 나리들을 잘 살펴 마음을 정하여 모시도록 하세요.'라고 했습니다.7) 그랬더니 가구야히메가 '지당하십니다. 하지만 어느 분이건 우열을 가릴 수 없으니,8) 그 애정이 어느 정도인지 만큼은 봐야겠습니다.9) 모실지 어쩔지는 그것으로 정해야 옳겠습니다.'라고 했습니다.10) 그래서 내가 '그게

---

1) 日暮るるほど、例の集りぬ。
2) あるいは笛を吹き、あるいは歌をうたひ、
3) あるいは声歌をし、あるいは嘯を吹き、扇を鳴らしなどするに、
4) 翁、出でて、いはく、「かたじけなく、穢げなる所に、
5) 年月を経てものしたまふこと、きはまりたるかしこまり」と申す。
6) 「『翁の命、今日明日とも知らぬを、
7) かくのたまふ君達にも、よく思ひさだめて仕うまつれ』と申せば、
8) 『ことわりなり。いづれも劣り優りおはしまさねば、
9) 御心ざしのほどは見ゆべし。
10) 仕うまつらむことは、それになむさだむべき』といへば、

좋겠습니다. 다른 사람의 원망도 없을 겁니다.'라고 했습니다."라는 이야기를 전한다.11)

그러자 다섯 사람도 "좋습니다."라고 했기에 할아버지가 안으로 들어가 이를 전한다.12)

이제 가구야히메가 말하길 "이시쓰쿠리 왕자에게는, 부처가 쓰던 돌로 된 바리때라고 하는 것이 있습니다.13) 그것을 가져다주십시오."라고 한다.14)

그리고 "구라모치 왕자에게는, 동쪽 바다 저편에 봉래(蓬莱)라고 하는 산이 있다고 합니다.15) 거기에 뿌리는 은이요, 줄기는 금이요, 열매는 백옥으로 생겨 뻗어있는 나무가 있습니다.16) 그 나뭇가지 하나를 꺾어서 가져다주시면 좋겠습니다."라고 한다.17)

그리고 "또 한 사람에게는, 중국 땅에 있는 불쥐의 가죽옷을 가져다주십시오.18) 오토모 다이나곤에게는 용의 목덜미에 오색으로 빛나는 구슬이 있는데, 그것을 가져다주십시오.19) 마지막으로 이소노카미 추나곤에게는 제비가 가지고 있는 순산에 도움이 되는 자안패(子安貝)를 가져다주십시오."라고 한다.20)

그러자 할아버지는 "참으로 어려운 일인 듯싶습니다.21) 우리나라에 있는 물건도 아

---

11) 『これよきことなり。人の御恨みもあるまじ』」といふ。
12) 五人の人々も、「よきことなり」といへば、翁入りていふ。
13) かぐや姫、「石作の皇子には、佛の御石の鉢といふ物あり。
14) それを取りて賜へ」といふ。
15) 「くらもちの皇子には、東の海に蓬莱といふ山あるなり。
16) それに、銀を根とし、金を茎とし、白き玉を実として立てる木あり。
17) それ一枝折りて賜はらむ。」といふ。
18) 「いま一人には、唐土にある火鼠の皮衣を賜へ。
19) 大伴の大納言には、龍の頸に五色に光る玉あり、それを取りて賜へ。
20) 石上の中納言には、燕の持たる子安の貝取りて賜へ」といふ。
21) 翁、「難きことにこそあなれ。

95

닙니다.22) 이렇게 어려운 이야기를 어찌 아뢰겠습니까?"라고 한다.23)

　이에 가구야히메가 "무엇이 어렵기야 하겠습니까?"라고 했다.24)

　그러자 할아버지는 "어쨌거나 저쨌거나 아뢰겠습니다."라며 나가서,25) "바로 이렇게 들으신 바대로 보여주십시오."라고 전했다.26)

　이에 왕자들과 귀족들은 그 이야기를 듣고서,27) "솔직하게 '주변에조차 얼씬거리지 마라.'라고 하지 않으십니까?"라며,28) 마음이 상하여 모두 돌아갔다.29)

---

22) この国に在る物にもあらず。
23) かく難きことをば、いかに申さむ」といふ。
24) かぐや姫、「何か難からむ」といへば、
25) 翁、「とまれかくまれ、申さむ」とて、いでて、
26) 「かくなむ。聞ゆるやうに見せたまへ」といへば、
27) 皇子たち・上達部聞きて、
28) 「おいらかに、『あたりよりだにな歩きそ』とやはのたまはぬ」といひて、
29) 倦じて、皆帰りぬ。

5. 창피한 줄도 모르고 - 첫 번째 도전자

하지만 여전히 이 여인을 보지 못하고서는 세상에 살아 있을 수 없을 듯한 심정이 들었다.1)

이에 '비록 천축에 있는 물건이라고 해도 어찌 가져오지 못하겠는가.'라고 생각을 고쳐먹었다.2)

이런 이시쓰쿠리(石作) 왕자는 꾀가 있는 사람으로,3) 천축에 둘도 없는 바리때인데, 수천만 리를 찾아간다손 치더라도,4) 어찌 얻을 수 있겠나 생각했다.5)

그리하여 가구야히메의 집에는 "바로 오늘 천축에 돌 바리때를 가지러 갑니다."라고 전갈하고,6) 삼 년 남짓, 가까운 야마토(大和) 지역 도치(十市) 마을에 있는 산사에 머물렀다.7)

그 사찰에 늘어선 빈두로(賓頭盧)8)의 앞에 놓인 사발 가운데, 새까맣게 그을음이 덕지덕지 달라붙은 것을 집어서,9) 비단 주머니에 담아, 가짜로 만든 꽃가지에 끼워서

---

1) なほ、この女見では世にあるまじき心地のしければ、
2) 「天竺に在るものも持て来ぬものかは」と、思ひめぐらして、
3) 石作の皇子は、心のしたくある人にて、
4) 天竺に二つとなき鉢を、百千万里の程行きたりとも、
5) いかでか取るべきと思ひて、
6) かぐや姫のもとには、「今日なむ、天竺に石の鉢取りにまかる」と聞かせて、
7) 三年ばかり、大和の国十市の郡にある山寺に、
8) 십육나한 가운데 하나로, 일본에서는 본당 바깥쪽에 두고 이를 쓰다듬어 질병이 낫기를 빈다.
9) 賓頭盧の前なる鉢の、ひた黑に墨つきたるを取りて、

는,10) 가구야히메가 사는 집으로 가져와서 보여주었다.11)

가구야히메가 미심쩍어하며 가만히 살펴보니, 사발 안에 글이 들어있다.12) 그걸 펼쳐서 보니 이런 노래였다.13)

〈머나먼 바닷길과 산길에 온 정성을 다하니 돌 사발에 피눈물이 흘렀도다〉14)

그런데 가구야히메는 바리때에서 뿜어나오는 빛은 어디 있나 하고 살펴보는데, 반딧불만큼의 빛조차도 보이지 않는다. 이에15)

〈새벽이슬의 빛조차도 깃들지 않았는데 당신은 여기 어두침침한 산16)에서 무엇을 찾은 걸까요?〉17)

라는 답장을 내밀었다.18)

그러자 사발을 대문에 냅다 던져버리고서, 이 노래에 대한 답가를 적어 보낸다.19)

〈흰 산을 마주했기에 빛을 잃지 않나 사발을 내팽개치고 창피를 무릅쓰고 기대해

---

10) 錦の袋に入れて、作り花の枝につけて、
11) かぐや姫の家に持て来て、見せければ、
12) かぐや姫あやしがりて見れば、鉢の中に文あり。
13) ひろげて見れば、
14) 〈海山の道に心をつくしはてないしのはちの涙ながれき〉
　　이 부분에 대한 『全集』의 현대어역을 한국어로 다시 직역한다. 〈돌로 만든 바리때를 구하기 위해 쓰쿠시를 출발하여 천축에 이르는 바닷길 산길에서 혼신을 다 바쳐, 끝없는 여행을 이어가, 정말로 흘린 눈물, 피눈물까지 흘렸습니다.〉
15) かぐや姫、光やあると見るに、蛍ばかりの光だになし。
16) 원문의 「おぐらやま」에서 「おぐら」를 「小倉」로 받으면 교토[京都]에 소재한 산의 이름이 되고, 이것을 「お暗」로 받으면 '어두운 산'의 뜻이 된다. 같은 발음을 활용하여 표현 효과를 노린 것으로 봐야겠다.
17) 〈置く露の光をだにもやどさまし小倉の山にて何もとめけむ〉
　　이 부분에 대한 『全集』에서의 현대어역을 한국어로 다시 옮긴다. 〈진짜 부처의 돌 바리때라면 감청 빛이 감돈다는 겁니다. 적어도 흘리셨다고 하는 눈물만큼의 빛이라도 있으면 좋으련만. 당신은 빛이 들지 않아 어둡다는 이름을 가진 오구라야마에서 도대체 무엇을 구해 오신 겁니까?〉
18) とて、返しいだす。
19) 鉢を門に捨てて、この歌の返しをす。

봅니다〉20)

이렇게 노래를 지어 안으로 들이밀었다.21)

이에 대해 가구야히메는 답장도 보내지 않게 되고 말았다.22)

이렇게 전혀 귓등으로도 들어주지 않기에, 궁시렁궁시렁하며 돌아갔다.23)

이처럼 사발을 내팽개치고서도 여전히 주절거렸기에,24) 뻔뻔스러운 것에 대해 '하지오스츠'25)라는 말이 생긴 것이다.26)

---

20) 〈白山にあへば光の失するかとはちを捨てても頼まるるかな〉

이 부분에 대한 『全集』에서의 현대어역을 한국어로 다시 옮긴다. 〈빛이 나는 사발을 가지고 왔습니다만, 흰 산과 같이 빛나는 미녀를 만났기에, 지워져 빛을 잃었을 뿐으로, 사실은 빛나는 사발이 아니었나 하고, 사발을 내버리고 나서도, 부끄러움을 버리고 뻔뻔스럽게 기대하는 겁니다.〉

21) とよみて、入れたり。

22) かぐや姫、返しもせずなりぬ。

23) 耳にも聞き入れざりければ、いひかかづらひて帰りぬ。

24) かの鉢を捨てて、またいひけるよりぞ、

25) 원문의「はぢをすつ」에서「すつ」는 현대어로는「捨(す)てる」(버리다)이며,「はぢ」는「恥(は)じ」이면 '부끄러움', 탁점이 없는「鉢(はち)」이면 '사발'이다. 이처럼 탁점의 유무에 따라 뜻이 바뀌는 어휘가 적극적으로 활용된다.「恥を捨てる」는 현대어에서도 관용적으로 쓰는 말이다.

26) 面なきことをば、「はぢをすつ」とはいひける。

6. 미리 짜놓고 - 두 번째 도전자

구라모치 왕자는 속셈이 있는 사람으로,1)

조정에는 "쓰쿠시(筑紫_규슈[九州]의 옛 이름) 지역에 온천 하러 내려가고자 합니다."라고 인사를 전하고,2)

가구야히메의 집에는 "옥으로 꾸민 나뭇가지를 가지러 내려갑니다."라고 전갈하고, 아래로 향하셨다.3)

그러니 마땅히 섬길 사람들이 모두 나니와(難波_오사카[大阪]시[市] 부근의 옛 이름)까지 배웅하러 나갔다.4)

그런데 왕자는 "더없이 조용히."라고 말씀하시고, 시중드는 사람도 별로 데리고 가지 않으신다.5)

가까이에서 시중들 몇몇만을 데리고 떠나셨다.6)

배웅하러 따라 나온 사람들은 떠나가는 모습을 지켜보고서 모두 돌아갔다.7)

그렇게 '떠나가셨다.'라고 사람들에게 보이시고서, 사흘 남짓 지나서 배를 저어 다시 돌아오셨다.8)

---

1) くらもちの皇子は、心たばかりある人にて、
2) 朝廷には、「筑紫の国に、湯あみにまからむ」とて暇申して、
3) かぐや姫の家には、「玉の枝取りになむまかる」といはせて、下りたまふに、
4) 仕うまつるべき人々、みな難波まで御送りしける。
5) 皇子、「いと忍びて」とのたまはせて、人もあまた率ておはしまさず。
6) 近う仕うまつるかぎりしていでたまひぬ。
7) 御送りの人々、見たてまつり送りて帰りぬ。

일찍이 해야 할 일을 모두 말씀해 두셨는데,9) 당대 으뜸가는 보물이었던 대장장이 여섯 사람을 불러 모아서,10) 쉽사리 다른 이가 가까이 다가올 수 없는 집을 지어두고,11) 불가마를 세 겹으로 둘러치고, 대장장이들을 그 안에 머물게 두시고는,12) 왕자 자신도 같은 곳에 틀어박혀 계셨다.13)

그리고 자신이 다스리는 모든 영지를 비롯해 온 곳간을 통틀어서 옥으로 꾸민 나뭇가지를 만드신다.14)

가구야히메가 말씀하신 것처럼 조금도 다르지 않게 만들어냈다.15)

그리고 엄청 꼼꼼하게 일을 꾸며서 나니와(難波)로 남들 모르게 가지고 나갔다.16)

그러고 나서 "배를 타고 돌아오셨다."라고 주군에게 전갈 보내고,17) 너무나도 힘들어하는 모습으로 앉아계셨다.18)

거기에 마중하러 사람들이 많이 찾아왔다.19)

옥으로 꾸민 나뭇가지를 기다란 궤짝에 담아, 뭔가로 덮어서 가지고 올라온다.20)

그 소문을 언제 들었는지 사람들이 "구라모치 왕자가 우담화꽃을 가지고 올라오신

---

8) 「おはしましぬ」と人には見えたまひて、三日ばかりありて、漕ぎ帰りたまひぬ。
9) かねて、事みな仰せたりければ、
10) その時、一の宝なりける鍛冶工匠六人を召しとりて、
11) たはやすく人寄り来まじき家を作りて、
12) 竈を三重にしこめて、工匠らを入れたまひつつ、
13) 皇子も同じ所に籠りたまひて、
14) 領らせ給ひたるかぎり十六所をかみに、蔵をあげて、玉の枝を作りたまふ。
15) かぐや姫ののたまふやうに違はず作りいでつ。
16) いとかしこくたばかりて、難波にみそかに持ていでぬ。
17) 「船に乗りて帰り来にけり」と殿に告げやりて、
18) いといたく苦しがりたるさましてゐたまへり。
19) 迎へに人多く参りたり。
20) 玉の枝をば長櫃に入れて、物おほひて持ちて参る。

다."라고 떠들썩했다.21)

　이를 가구야히메가 전해 듣고서, 나는 필시 왕자에게 지고 말 것이라며 억장이 무너져 애간장을 태우고 있었다.22)

---
21) いつか聞きけむ、「くらもちの皇子は優曇華の花持ちて上りたまへり」とののしりけり。
22) これを、かぐや姫聞きて、我は皇子に負けぬべしと、胸つぶれて思ひけり。

7. 거짓말 대잔치

그러고 있는데 누군가 대문을 두드리며 "구라모치 왕자가 오셨습니다."라고 고한다.1)

"여행할 때 옷차림 그대로 찾아오셨습니다."라고 하기에, 할아버지가 나가서 맞이했다.2)

왕자가 말씀하시길 "목숨을 걸고서 그 옥으로 꾸민 나뭇가지를 가지고 찾아왔다고,3) 가구야히메에게 보여드리십시오."라고 하니, 할아버지가 그걸 가지고 안으로 들어갔다.4)

그 옥으로 꾸민 나뭇가지에 글귀가 매달려 있었다.5)

〈내 몸이 못쓰게 된다손 치더라도 옥 가지를 꺾지 않고서야 어찌 돌아갈 수 있겠나〉6)

이 글월까지도 멋들어진다고 가만히 보고 있다가, 대나무꾼 할아버지가 뛰쳐들어가서 이렇게 전한다.7)

---

1) かかるほどに、門を叩きて、「くらもちの皇子おはしたり」と告ぐ。
2) 「旅の御姿ながらおはしたり」といへば、あひたてまつる。
3) 皇子ののたまはく、「命を捨ててかの玉の枝持ちて来たるとて、
4) かぐや姫に見せたてまつりたまへ」といへば、翁持ちて入りたり。
5) この玉の枝に、文ぞつきたりける。
6) 〈いたづらに身はなしつとも玉の枝を手折らでさらに帰らざらまし〉
   이 부분에 대한 『全集』의 현대어역을 한국어로 다시 직역한다. 〈위난을 당하여 내 몸이 망가지고 말더라도, 의뢰하신 옥으로 꾸민 가지를 꺾지 아니하고서 돌아오는 일은 결코 없었겠지요.〉
7) これをもあはれとも見てをるに、たけとりの翁、走り入りていはく、

"이 왕자에게 말씀하셨던 봉래에 있는 옥으로 꾸민 가지를,8) 어디 하나 어긋남이 없이 가지고 오셨습니다.9) 이제 무엇을 가지고 이러쿵저러쿵할 수 있겠습니까?10) 여행 떠났던 차림새 그대로, 자택에도 들르지 않으시고 찾아오셨습니다.11) 어서 이 왕자를 들여 모시도록 하십시오."라고 했다.12)

이에 아무 말도 하지 않고, 턱을 괴고 더없이 한탄스레 상념에 잠겼다.13)

그 왕자는 "이제 무슨 말을 할 수 있겠나?"라고 하기가 무섭게,14) 슬그머니 툇마루에 기어 올라오셨다.15)

할아버지는 "너무나도 지당하십니다. 우리나라에서 찾을 수 없는 옥으로 꾸민 나뭇가지입니다.16) 이번에는 어찌 물리칠 수 있겠습니까?17) 사람 됨됨이도 훌륭한 분이십니다." 뭐 이런 이야기를 늘어놓으며 함께 앉아 있었다.18)

한편 가구야히메가 말하길 "부모님이 말씀하시는 것을,19) 한결같이 물리치는 것도 안 됐기에 그랬던 것인데."라고 했다.20)

그리 가져오기 어려운 물건인데, 이처럼 기막히게 가지고 온 것을 너무나 분통스럽

---

8) 「この皇子に申したまひし蓬莱の玉の枝を、
9) 一つの所あやまたず持ておはしませり。
10) 何をもちて、とかく申べき。
11) 旅の御姿ながら、我が御家へも寄りたまはずしておはしましたり。
12) はや、この皇子にあひ仕うまつりたまへ」といふに、
13) 物もいはず、頬杖をつきて、いみじく嘆かしげに思ひたり。
14) この皇子、「今さへ、何かといふべからず」といふままに、
15) 縁に這ひのぼりたまひぬ。
16) 翁、「理に思ふ。この国に見えぬ玉の枝なり。
17) このたびは、いかでか辞びまうさむ。
18) 人ざまもよき人におはす」などいひゐたり。
19) かぐや姫のいふやう、「親ののたまふことを
20) ひたぶるに辞びまうさむことのいとほしさに」と、

게 생각한다.21)

그때 할아버지는 침실 안쪽을 꾸미고 막 그런다.22) 그러다가 할아버지가 왕자에게 아뢰길 "도대체 어떠한 곳에 저 나무가 있었던 겁니까?23) 신비롭고 화려한데다가 귀한 물건인데 말이죠."라고 한다.24)

이에 왕자가 대답하여 말씀하시길,25)

"재작년 이월 십일 무렵, 나니와에서 배에 올라,26) 먼바다 가운데로 나아가, 도무지 어디로 가는지도 모르는 처지였지만,27) 뜻하는 일을 이루지 못한 채로 이 세상에서 살아봐야 무엇 하리 생각했기에,28) 그저 덧없는 바람에 몸을 실어 헤매다녔습니다.29)

목숨이 끊어지면 어쩔 도리가 없고, 내가 살아 있는 한 이렇게 여기저기 헤매 돌아다니다가,30) 봉래라고 한다는 산을 맞닥뜨리지 않겠나 싶어, 먼바다에서 노를 저어 떠돌다가,31) 우리나라를 벗어나서 나아갔습니다.32)

그런데 어느 날은 파도가 거칠어 바닷속에 삼켜질 뻔했고,33) 또 어느 날은 바람에 밀려 알지 못하는 지역으로 흘러가서,34) 괴물 같은 것이 튀어나와서 나를 잡아먹으려

---

21) 取りがたき物を、かくあさましく持て来ることを、ねたく思ふ。
22) 翁は、閨のうち、しつらひなどす。
23) 翁、皇子に申すやう、「いかなる所にかこの木はさぶらひけむ。
24) あやしくうるはしくめでたき物にも」と申す。
25) 皇子、答へてのたまはく、
26) 「一昨々年の二月の十日頃に、難波より船に乗りて、
27) 海の中にいでて、行かむ方も知らず覚えしかど、
28) 思ふこと成らで世の中に生きて何かせむと思ひしかば、
29) ただ、むなしき風にまかせて歩く。
30) 命死なばいかがはせむ、生きてあらむかぎりかく歩きて、
31) 蓬莱といふらむ山にあふやと、海に漕ぎただよひ歩きて、
32) 我が国のうちを離れて歩きまかりしに、
33) ある時は、浪荒れつつ海の底にも入りぬべく、

고 했습니다.35)

　또 어느 날은 어디에서 왔는지 어디로 가는지도 모르는 채, 바다와 한 몸이 될 뻔했습니다.36)

　또 어느 날은 양식이 떨어져서 풀뿌리를 음식으로 삼았습니다.37)

　또 어느 날은 말도 못 하게 무시무시한 것이 튀어나와서 나를 잡아먹으려고 했습니다.38)

　또 어느 날은 바다에 나는 조개를 잡아 목숨을 이었습니다.39)

　그렇게 떠돌아다니다가 날 살려주실 사람도 없는 곳에서,40) 이런저런 병을 앓게 되었고, 어디로 가야 할지, 도무지 갈피도 잡지 못했습니다.41)

　그렇게 배가 떠밀려가는 대로 몸을 맡겨 바다에서 떠돌다가, 오백 일이 되는 날 오전 여덟 시 무렵에,42) 바다 가운데 희미하게 산이 보입니다.43)

　뱃머리를 그리로 돌려 다가가서 살펴봅니다.44)

　바다 위에서 하늘거리는 산이 더할 나위 없이 커다랗습니다.45)

　그 산의 생김새는 드높고 곱습니다.46)

---

34) ある時には、風につけて知らぬ国に吹き寄せられて、
35) 鬼のやうなるものいで来て、殺さむとしき。
36) ある時には、来し方行く末も知らず、海にまぎれむとしき。
37) ある時には、糧つきて、草の根を食物としき。
38) ある時は、いはむ方なくむくつけげなる物来て、食ひかからむとしき。
39) ある時には、海の貝を取りて命をつぐ。
40) 旅の空に、助けたまふべき人もなき所に、
41) いろいろの病をして、行く方、空もおぼえず。
42) 船の行くにまかせて、海に漂ひて、五百日といふ辰の時ばかりに、
43) 海のなかに、はつかに山見ゆ。
44) 船の楫をなむ迫めて見る。
45) 海の上にただよへる山、いと大きにてあり。

바로 이것이야말로 내가 찾던 산일진대, 아무리 그래도 두려운 마음이 들어서,47) 산 주변을 빙빙 돌며, 이삼일 남짓 가만히 지켜보고 있었습니다.48)

그런데 하늘나라 사람의 차림새를 한 여인이 산속에서 나와서는,49) 은으로 꾸민 쇠바가지를 가지고 물을 길어 갑니다.50)

이를 보고 배에서 내려, '이 산의 이름을 무엇이라 하오?'라고 묻습니다.51)

그러자 여인이 대답하여 말하길 '이는 봉래산입니다.'라고 답합니다.52)

이를 들으니 기쁘기가 그지없습니다.53)

이에 그 여인에게, 그리 말씀하시는 분은 누구신지 물었는데,54) '내 이름은 우칸루리'라고 하고는 홀연히 산속으로 들어갔습니다.55)

그 산을 살펴보니 도무지 올라갈 방도가 없습니다.56)

그래서 그 산 주위를 빙글 돌아보니, 세상에 없는 꽃나무들이 뻗어있었습니다.57)

그리고 금빛 은빛 감색 물이 산속에서 흘러나왔습니다.58)

거기에는 각양각색 옥으로 만든 다리가 놓여 있었습니다.59)

---

46) その山のさま、高くうるはし。
47) これや我が求むる山ならむと思ひて、さすがに恐ろしくおぼえて、
48) 山のめぐりをさしめぐらして、二三日ばかり、見歩くに、
49) 天人のよそほひしたる女、山の中よりいで来て、
50) 銀の金鋺を持ちて、水を汲み歩く。
51) これを見て、船より下りて、『この山の名を何とか申す』と問ふ。
52) 女、答へていはく、『これは、蓬莱の山なり』と答ふ。
53) これを聞くに、嬉しき事かぎりなし。
54) この女、かくのたまふは誰ぞと問ふ、
55) 『我が名はうかんるり』といひて、ふと、山の中に入りぬ。
56) その山、見るに、さらに登るべきやうなし。
57) その山のそばひらをめぐれば、世の中になき花の木ども立てり。
58) 金・銀・瑠璃色の水、山より流れいでたり。

그 언저리에 빛을 뿜어내는 나무들이 뻗어있었습니다.60)

그 가운데 지금 여기에 가지고 찾아온 것은 터무니없이 떨어지는 것이었지만,61) 말씀하신 것과 달라서는 큰일이라 여겨 이 꽃을 꺾어 가지고 온 것입니다.62)

그 산은 더할 나위 없이 아름답습니다.63)

세상에 견줄만한 것이 없었지만,64) 이 가지를 이미 꺾었기 때문에, 도무지 마음이 들떠서,65) 서둘러 배에 올라, 순풍이 불어 사백여 일 만에 여기에 찾아왔던 것입니다.66)

부처님의 가호를 입은 걸까요?67)

그리고 나니와에서 바로 어제 도읍으로 올라왔습니다.68)

바닷물에 젖은 옷조차 하나도 갈아입지 않고서, 여기로 찾아왔습니다."라고 했다.69)

할아버지는 그 이야기를 가만히 듣고서 크게 감탄하며 이렇게 읊조린다.70)

〈담죽 마디마디를 찾아다니는 이 대나무꾼조차 들판이며 언덕에서 이런 구슬픈 한마디를 본 적이 있겠습니까〉71)

---

59) それには、色々の玉の橋わたせり。
60) そのあたりに照り輝く木ども立てり。
61) その中に、この取りて持ちてまうで来たりしはいとわろかりしかども、
62) のたまひしに違はましかばとこの花を折りてまうで来たるなり。
63) 山はかぎりなくおもしろし。
64) 世にたとふべきにあらざりしかど、
65) この枝を折りてしかば、さらに心もとなくて、
66) 船に乗りて、追風吹きて、四百余日になむ、まうで来にし。
67) 大願力にや。
68) 難波より、昨日なむ都にまうで来つる。
69) さらに、潮に濡れたる衣だに脱ぎかへなでなむ、こちまうで来つる」とのたまへば、
70) 翁、聞きて、うち嘆きてよめる、
71) 〈くれたけのよよのたけとり野山にもさやはわびしきふしをのみ見し〉
이 부분에 대한 『全集』의 현대어역을 한국어로 다시 직역한다. 〈몇 세대를 살아, 나이 먹은 이 다케토리입

이를 왕자가 듣고서 "수많은 나날을 애태웠던 마음이,72) 바로 오늘 가라앉겠습니다."라고 하시며 답가를 보내셨다.73)

〈내 젖은 옷소매가 오늘 마르니 애태웠던 온갖 일들도 잊혀질 테지요.〉74)

니다만, 들판과 산에서도, 이렇게 힘겨운 일을 본 적이 없습니다.〉
72) これを、皇子聞きて、「ここらの日頃思ひわびはべりつる心は、
73) 今日なむ落ちゐぬる」とのたまひて、返し、
74) 〈我が袂今日かわければわびしさの千種の数も忘られぬべし〉とのたまふ。
　　이 부분에 대한 『全集』의 현대어역을 한국어로 다시 직역한다. 〈바닷물과 눈물로 젖은 내 옷소매는, 목적을 다 이룬 오늘 말끔히 다 말랐기에, 이제까지 있었던 수많은 간난(艱難)과 신고(辛苦)도 저절로 잊히겠지요.〉

8. 들통나버린 계략

그러고 있는데, 사내들 여섯이 줄지어 마당으로 들어왔다.[1)]

한 사내가 글월을 꽂아 건네는 나뭇가지에 글을 적어 끼워놓고 아뢴다.[2)]

"관청에 매인 대장장이인 아야베노 우치마로가 아뢰옵기는,[3)] 옥으로 꾸민 나무를 만들어 바쳤습니다만,[4)] 곡식을 끊고, 천여 날 동안 안간힘을 다 쏟은 일이 이만저만하지 않습니다.[5)] 그런데 녹봉을 아직 받지 못했습니다.[6)] 그것을 받아서 가여운 식솔들에게 베풀고자 합니다."라고 하며 글을 올렸다.[7)]

그러자 할아버지는 대장장이들이 하는 말이 무슨 뜻인가 하여 갸우뚱하고 있었다.[8)]

그때 왕자는 제정신이 아닌 낯빛으로, 넋이 나가 꼼짝도 못 하고 앉아 계셨다.[9)]

그 이야기를 가구야히메가 전해 듣고서 "거기에 바치는 글월을 넘겨받아라."라고 하고는,[10)] 그걸 받아서 펼쳐보니, 글에 이렇게 적혀있었다.[11)]

---

1) かかるほどに、男ども六人つらねて、庭にいで来たり。
2) 一人の男、文挾みに文をはさみて、申す、
3) 「內匠寮の工匠、あやべの內麻呂申さく、
4) 玉の木を作り仕うまつりし事、
5) 五穀を斷ちて、千余日に力をつくしたること、すくなからず。
6) しかるに、禄いまだ賜はらず。
7) これを賜ひて、わろき家子に賜はせむ」といひて、捧げたり。
8) たけとりの翁、この工匠らが申すことは何事ぞとかたぶきをり。
9) 皇子は、我にもあらぬ気色にて、肝消えゐたまへり。
10) これを、かぐや姫聞きて、「この奉る文を取れ」といひて、

"왕자 나리께서, 천 일 동안 미천한 대장장이들과 하나로 같은 곳에 숨어 계시며,12) 존귀한 옥 가지를 만들도록 하시고, 벼슬도 내리시겠다고 하셨습니다.13) 그런데 그 일을 이제 와 가만히 생각해보니, 이는 왕자를 모시게 되실14) 가구야히메가 원하신 물건이었던 것임을 깨달았기에 말입니다.15) 바로 여기에서 녹봉을 받아야겠습니다." 라고 아뢰고,16)

"내려주셔야 마땅합니다."라고 하는 말을 듣고서,17)

가구야히메는 날이 저물어감에 따라 괴로움에 애태웠던 마음이, 웃음꽃이 피어,18) 할아버지를 불러들여서 말하길,

"진짜 봉래에서 가져온 나무인가 하고 생각했었습니다.19) 그런데 이렇게 터무니없는 허튼소리였기에, 어서 돌려주십시오."라고 했다.20)

그러자 할아버지가 대답하길, "분명 만들도록 한 물건이라고 들었으니,21) 돌려주는 건 너무나도 손쉬운 일입니다."라며 고개를 끄덕이고 있었다.22)

이렇게 가구야히메의 기분이 더없이 날아갈 듯하여, 앞서 있던 노래에 대한 답가를 보냈다.23)

---

11) 見れば、文に申しけるやう、
12) 「皇子の君、千日、いやしき工匠らと、もろともに、同じ所に隠れゐたまひて、
13) かしこき玉の枝を作らせたまひて、官も給はむと仰せたまひき。
14) これをこの頃案ずるに、御使とおはしますべき
15) かぐや姫の要じ給ふべきなりけりとうけたまはりて。
16) この宮より賜はらむ」。と申して、
17) 「賜はるべきなり」といふを、聞きて、
18) かぐや姫、暮るるままに思ひわびつる心地、笑ひさかえて、
19) 翁を呼びとりていふやう、「まこと蓬莱の木かとこそ思ひつれ。
20) かくあさましきそらごとにてありければ、はや返し給へ」といへば、
21) 翁答ふ、「さだかに作らせたる物と聞きつれば、
22) 返さむ事、いとやすし」と、うなづきをり。

〈진짜인가 하고 듣고서 살펴보니, 잎이 아닌 말로 꾸민 옥 가지였군요〉24)

이렇게 말하고, 옥 가지도 돌려보냈다.25)

대나무꾼 할아버지는 아까 그렇게까지 이야기 나누었던 일이, 좀 겸연쩍어서 잠자코 있었다.26)

이때 왕자는 일어서기도 그렇고, 그렇다고 그냥 앉아 있기도 그래서, 주춤거리며 절절매고 계셨다.27)

그러다가 날이 다 저물었기에 그 틈에 미끄러지듯 슬그머니 자리를 뜨셨다.28)

한편 아까 찾아와서 사실을 고했던 대장장이들을 가구야히메가 불러들여서는,29) "참으로 복된 사람들이로다."라며 녹봉을 엄청나게 내리신다.30)

이에 대장장이들이 너무나도 기뻐하며 "생각했던 대로 되었군."이라며 돌아갔다.31)

그런데 돌아가는 길에 구라모치 왕자가 피가 철철 흐를 만큼 흠씬 두들겨 패신다.32)

녹봉을 손에 넣은 보람도 없이, 죄다 빼앗아 내버리게 하셨기에, 그대로 꽁무니를 빼고 말았다.33)

---

23) かぐや姫の心ゆきはてて、ありつる歌の返し、
24) 〈まことかと聞きて見つれば言の葉をかざれる玉の枝にぞありける〉
　　이 부분에 대한 『全集』의 현대어역을 한국어로 다시 직역한다. 〈진짜 옥 가지인가 하여, 왕자의 말을 잘 듣고, 다시 옥 가지를 잘 살펴보니, 금으로 만든 잎이 아니라, 말로 꾸민 가짜 옥 가지였습니다.〉
25) といひて、玉の枝も返しつ。
26) たけとりの翁、さばかり語らひつるが、さすがにおぼえて眠りをり。
27) 皇子は、立つもはした、ゐるもはしたにて、ゐたまへり。
28) 日の暮れぬれば、すべりいでたまひぬ。
29) かの愁訴せし工匠をば、かぐや姫呼びすゑて、
30) 「嬉しき人どもなり」といひて、禄いと多く取らせたまふ。
31) 工匠らいみじくよろこびて、「思ひつるやうにもあるかな」といひて、帰る。
32) 道にて、くらもちの皇子、血の流るるまで打ぜさせたまふ。
33) 禄得し甲斐もなく、みな取り捨てさせたまひければ、逃げうせにけり。

그러고 나서 그 왕자는 "내 평생의 수치가 이보다 더할 수는 없을 것이다.34) 여인을 얻지 못하게 되었을 뿐만 아니라,35) 온 세상 사람들이 나를 보고 그 일을 떠올릴 것이 창피스럽구나."라고 하시고,36) 오직 홀로 깊은 산속으로 들어가셨다.37)

궁의 벼슬아치들과 왕자를 모시는 사람들이 손을 나누어 하나로 찾아보았지만,38) 돌아가시기라도 한 것인지, 도무지 찾아내지 못하게 되고 말았다.39)

이렇게 왕자가 모두에게서 모습을 감추시겠다고 하여, 오랫동안 보이시지 않게 되고 말았다.40) 바로 이것을 '다마사카니41)'라고 하기 시작한 것이었다.42)

---

34) かくて、この皇子は、「一生の恥、これに過ぐるはあらじ。
35) 女を得ずなりぬるのみにあらず、
36) 天下の人の、見思はむことのはづかしきこと」とのたまひて、
37) ただ一所、深き山へ入りたまひぬ。
38) 宮司、さぶらふ人々、みな手を分ちて求めたてまつれども、
39) 御死にもやしたまひけむ、え見つけたてまつらずなりぬ。
40) 皇子の、御供に隠したまはむとて、年頃見えたまはざりけるなり。
41) 일본어에서 「たまさか」는 뜻하지 않은 모양이나 드물거나 좀처럼 없다는 뜻을 나타내는 말이다. 그런데 「たま」는 이번 에피소드의 키워드 가운데 하나인 「玉」와 발음이 같고, 「さか」는 거꾸로라는 뜻을 가진 한자 「逆」로 받을 수 있어서, 어원 풀이에 재미를 보탠다.
42) これをなむ、「たまさかに」とはいひはじめける。

9. 마침 부탁할 곳이 있어서 - 세 번째 도전자

우대신인 아베노미우시는 재산이 넘쳐나고 온 집안이 번성한 세도가이셨다.1)

그해에 중국에서 건너왔었던 왕경이라고 하는 배를 부리는 사람에게 글을 적어 보냈는데,2) '불쥐의 가죽이라고 한다는 물건을 사들여서 내게 보내십시오.'라고 적었다.3)

그 글을, 자신을 섬기는 사람 가운데 심지가 곧은 자를 뽑아,4) 오노노후사모리라는 사람을 심부름으로 함께 달려서 보낸다.5)

그들이 그것을 가지고 건너가서 그 중국에 있는 왕경에게 돈을 건넨다.6)

그러자 왕경이 글을 펼쳐 읽어보고 답장을 적는다.7)

"불쥐의 가죽옷은 우리나라에 없는 물건입니다.8) 소문으로는 들었지만, 이제껏 보지 못한 물건입니다.9) 이 세상에 실재하는 물건이라면 우리나라에도 가지고 왔겠지요.10) 더없이 어려운 거래입니다.11) 그렇기는 해도 혹시라도 천축에 우연히 가지고

---
1) 右大臣阿倍御主人は、財豊かに、家広き人にておはしけり。
2) その年来たりける唐船の王けいといふ人のもとに文を書きて、
3) 「火鼠の皮といふなる物、買ひておこせよ」とて、
4) 仕うまつる人の中に、心確かなるを選びて、
5) 小野のふさもりといふ人をつけてつかはす。
6) 持て到りて、かの唐土にをる王けいに金をとらす。
7) 王けい、文をひろげて見て、返りごと書く。
8) 「火鼠の皮衣、この国になき物なり。
9) 音には聞けども、いまだ見ぬ物なり。

건너갔다면,12) 어쩌면 거기 어른 주위에 물어 구할 수 있을 텐데 말이죠.13) 만일 구할 수 없는 것이라면 사자 편에 돈을 돌려드리겠습니다."라고 했다.14)

그리고 한참 지나 그 중국 배가 건너왔다.15)

심부름 보냈던 오노노후사모리가 돌아와서 도읍으로 올라온다는 이야기를 전해 듣고서,16) 날랜 말을 내어 내달려 마중하러 보내셨는데,17) 그 말을 타고 쓰쿠시(筑紫)에서 고작 이레 만에 올라왔다.18)

가지고 온 글을 보니 이르길,19)

"불쥐의 가죽옷을 간신히 사람을 보내 구하여 바칩니다.20) 지금 세상이건 옛적 세상이건 이 가죽은 찾기에 쉽지 않은 물건이었습니다.21) 옛날 귀한 천축의 스님이 우리나라에 가지고 건너오셔서 있었는데,22) 서쪽 산사에 있다는 이야기를 전해 듣고서, 조정에 아뢰어,23) 간신히 사들여서 바칩니다.24) 값을 치르는 돈이 적다고 태수가 사

---

10) 世にある物ならば、この国にも、持てまうで来なまし。
11) いと難き交易なり。
12) しかれども、もし、天竺に、たまさかに持て渡りなば、
13) もし長者のあたりにとぶらひ求めむに。
14) なきものならば、使にそへて、金をば返したてまつらむ。」と言へり。
15) かの、唐船来けり。
16) 小野のふさもりまうで来て、まう上るといふことを聞きて、
17) 歩み疾うする馬をもちて走らせ迎へさせたまふ時に、
18) 馬に乗りて、筑紫よりただ七日にまうで来たる。
19) 文を見るに、いはく、
20) 「火鼠の皮衣、からうじて人をいだして求めて奉る。
21) 今の世にも昔の世にも、この皮は、たやすくなき物なりけり。
22) 昔、かしこき天竺の聖、この国に持て渡りてはべりける、
23) 西の山寺にありと聞きおよびて、朝廷に申して、
24) からうじて買ひ取りて奉る。

자에게 말하였기에, 이 왕경이 뭘 좀 보태서 사들였습니다.25) 그러니 이제 금 오십 량을 내주셔야 하겠습니다.26) 배가 돌아오는 편에 내려 보내주십시오.27) 만일 돈을 내주지 않으시려면, 그 옷감을 돌려보내십시오."라고 한 것을 보고서,28)

"무슨 말씀이십니까, 나머지 돈은 얼마 안 되는데 말이죠.29) 참으로 고맙게도 보내주셨습니다."라며, 중국 땅 쪽을 향해 엎드려 절하신다.30)

그리고 가죽옷이 담긴 상자를 살펴보니, 형형색색의 영롱한 유리를 버무려서 만들어졌다.31)

가죽옷을 살펴보니 남빛이 감돈다.32)

그리고 털 끄트머리에는 금빛이 번뜩거렸다.33)

보물로 보이는데, 영롱하기가 이에 견줄 만한 것이 없다.34)

불에 타지 않는다는 것보다도, 곱기가 더할 나위 없다.35)

"아닌 게 아니라 가구야히메가 좋아하실 법한 것이로군."이라고 말씀하시고는,36) "아아 귀하도다."라며 상자에 담으셨다.37)

---

25) 価の金少しと、国司、使に申ししかば、王けいが物くはへて買ひたり。
26) いま、金五十兩賜はるべし。
27) 船の帰らむにつけて賜び送れ。
28) もし、金賜はぬものならば、かの衣の質、返したべ」と言へることを見て、
29) 「なに仰す。いま、金すこしにこそあなれ。
30) 嬉しくしておこせたるかな」とて、唐土の方に向ひて、伏し拝みたまふ。
31) この皮衣入れたる箱を見れば、くさぐさのうるはしき瑠璃を色へて作れり。
32) 皮衣を見れば、金青の色なり。
33) 毛の末には、金の光し輝きたり。
34) 宝と見え、うるはしき事、ならぶべき物なし。
35) 火に焼けぬ事よりも、きよらなることかぎりなし。
36) 「うべ、かぐや姫好もしがりたまふにこそありけれ」とのたまひて、
37) 「あな、かしこ」とて、箱に入れたまひて、

그리고 짊어지는 막대에 끼우고, 제 몸의 치장을 더없이 정성스레 하고는,38) 마침내 그 집에서 묵게 되려니 여겨, 노래를 지어 덧붙여서 가지고 찾아가셨다. 그 노래는 이러했다.39)

〈한없는 간절함에 타지 않는 가죽옷의 눈물로 젖은 옷소매 다 말라 바로 오늘에야 입겠군요〉40)

---

38) 物の枝につけて、御身の化粧いといたくして、
39) やがて泊りなむものぞとおぼして、歌よみくはへて、持ちていましたり。その歌は、
40) 〈かぎりなき思ひに焼けぬ皮衣袂かわきて今日こそは着め〉といへり。
 이 부분에 대한 『全集』의 현대어역을 한국어로 다시 직역한다. 〈한없는 내 마음에 불에도 타지 않는다는 가죽옷을 손에 넣어, 고통스레 연모하는 마음에 눈물로 젖어 있던 저도, 오늘은 우는 일도 없기에 마른 옷소매 채로 그것을 입을 수 있겠습니다.〉

10. 활활 불타오르니

그렇게 그 집 대문 앞에 가지고 가서 서 있었다.1)

그러자 할아버지가 나와 받아들이고 들어와서는 가구야히메에게 보여준다.2)

가구야히메가 가죽옷을 보고 말하길,

"정말 아름다운 가죽인 듯싶습니다.3) 하지만 그렇다고 해서 진짜 그 가죽일 거라고도 할 수 없습니다."4)

이를 듣고 할아버지가 대답하여 말하길,

"아무튼지 청하여 들도록 하겠습니다.5) 이 세상에서 볼 수 없는 가죽옷의 모양새이니, 바로 이게 그것이라고 생각하십시오.6) 다른 사람을 너무 괴롭히시지 마십시오."라고 하며,7) 우대신을 불러들여서 자리하시게 했다.8)

이렇게 불러들여 놓고서, 이번에야말로 반드시 둘이 합할 것이라고 할머니도 속으로 생각하고 있었다.9)

---

1) 家の門に持て到りて、立てり。
2) たけとりいで来て、取り入れて、かぐや姫に見す。
3) かぐや姫の、皮衣を見て、いはく、「うるはしき皮なめり。
4) わきてまことの皮ならむとも知らず」。
5) たけとり、答へていはく、「とまれかくまれ、まづ請じ入れたてまつらむ。
6) 世の中に見えぬ皮衣のさまなれば、これをと思ひたまひね。
7) 人ないたくわびさせたてまつらせたまひそ」といひて、
8) 呼び据ゑたてまつれり。
9) かく呼びすゑて、このたびはかならずあはむと嫗の心にも思ひをり。

그리고 할아버지는, 가구야히메가 홀몸인 것에 애태우고 있었기에,10) 마땅한 사람과 합하게 하고자 궁리했지만,11) 한사코 '싫다.' 하는 상황이었기에, 억지로 시키지 못하니, 이렇게 하는 것도 당연한 일이었다.12)

이때 가구야히메가 할아버지에게 말하길,

"이 가죽옷을 불로 태우려고 해도,13) 불타지 않아야만 진짜일 터이니,14) 그러면 그 사람이 하는 말에 내가 지고 말 것입니다.15) '세상에 없는 물건이기에, 그것을 진짜라고 의심 없이 생각하겠다.'라고 하십니다.16) 하지만 그러니까 이것을 불에 올려서 시험해보고자 합니다."라고 한다.17)

그러자 할아버지는 "그것은 지당한 말씀입니다."라고 하고서, 우대신에게 "이렇게 이야기합니다."라고 전한다.18)

이를 듣고 우대신이 대답하여 이르길,

"이 가죽은 중국 땅에도 없었던 것인데,19) 간신히 찾아내 구하여 얻은 것입니다.20) 어떠한 의심이 있겠습니까?"라고 한다.21)

이에 "그렇다고는 해도 어서 불태워 보십시오."라고 했다.22)

---

10) この翁は、かぐや姫のやもめなるを嘆かしければ、
11) よき人にあはせむと思ひはかれど、
12) せちに、「否」といふ事なれば、えしひねば、理なり。
13) かぐや姫、翁にいはく、「この皮衣は、火に焼かむに、
14) 燒けずはこそ、まことならめと思ひて、
15) 人のいふことにも負けめ。
16) 『世になき物なれば、それをまことと疑ひなく思はむ』とのたまふ。
17) なほ、これを焼きて心みむ」といふ。
18) 翁、「それ、さもいはれたり」といひて、大臣に、「かくなむ申す」といふ。
19) 大臣答へていはく、「この皮は、唐土にもなかりけるを、
20) からうじて求め尋ね得たるなり。
21) なにの疑ひあらむ」。

그러자 불 속에 지펴서 태우도록 하셨는데, 그만 활활 불타올랐다.23)

"그러니 가짜 가죽이라고 할 수밖에."라고 한다.24)

우대신이 그 광경을 보시고, 낯빛이 새파랗게 질려서 우두커니 앉아 계셨다.25)

가구야히메는 "어머나 기뻐라."라며 즐거워하고 있었다.26)

그리고 앞서 우대신이 읊으셨던 노래에 대한 답가를 적어 상자에 담아 돌려준다.27)

〈흔적도 없이 불타버릴 줄 알았더라면 가죽옷을 달리 챙겨두고 보았으면 좋았을 것을〉28)

답가는 이러했다.29)

일이 이렇게 되니, 그냥 돌아가셨다.30)

세상 사람들이 "아베 대신이 불쥐의 가죽옷을 가지고 가셔서 가구야히메의 집에 머무신다던데.31) 여기에 계십니까?"라며 묻는다.32)

어떤 사람이 말하길 "가죽은 불에 지펴 태웠더니,33) 활활 불타버렸기에, 가구야히메

---

22) 「さは申すとも、はや焼きて見たまへ」といへば、
23) 火の中にうちくべて焼かせたまふに、めらめらと焼けぬ。
24) 「さればこそ、異物の皮なりけり」といふ。
25) 大臣、これを見たまひて、顔は草の葉の色にてゐたまへり。
26) かぐや姫は、「あな、嬉し」とよろこびてゐたり。
27) かのよみたまひける歌の返し、箱に入れて、返す。
28) 〈名残りなく燃ゆと知りせば皮衣思ひのほかにおきて見ましを〉

   이 부분에 대한 『全集』의 현대어역을 한국어로 다시 직역한다. 〈흔적도 없이 타버릴 줄 알았더라면, 이 가죽옷 같은 것을 문제 삼지 않았을 텐데. 불태우거나 하지 않고, 불 밖에 두고 그냥 봤을 것을.〉

29) とぞありける。
30) されば、帰りいましにけり。
31) 世の人々、「阿倍の大臣、火鼠の皮衣持ていまして、かぐや姫にすみ給ふとな、
32) ここにやいます」など問ふ。
33) ある人のいはく、「皮は、火にくべて焼きたりしかば、

가 합하시지 않았습니다."라고 했다.34)

그리하여 이 이야기를 듣고서, 뜻을 이루지 못한 것을 '아에나시'35)라고 한 것이었다.36)

---

34) めらめらと焼けにしかば、かぐや姫あひたまはず」といひければ、

35) 원문은 「あへなし」인데 일본어의 「敢え無い」(옛말로는 'あへなし')는 「이제 어쩔 도리가 없다. 달리 방도가 없다」나 「뜻대로 되지 않아 아쉽다. 곁에서 보기에도 끔찍하다」의 뜻을 가진 단어. 한편 동사인 「会(あ)う・合(あ)う・逢(あ)う」와 관련하여 풀이하는 방법뿐만 아니라, 이 에피소드의 등장인물인 우대신인 「아베(阿倍)」와 연결 짓는 방법도 있다. 「あべ(阿倍)」에서 탁점을 빼고 거기에 '없다'의 「無し」가 이어진 것으로 볼 수 있겠다. 역시 어원 풀이다.

36) これを聞きてぞ、とげなきものをば、「あへなし」といひける。

11. 일단 아랫사람에게 시켜보고 - 네 번째 도전자

　오토모노미유키(大伴御行) 다이나곤(大納言)은 자기 집에 있는 모든 사람을 한자리에 모아 놓고 말씀하시길,1)

　"용의 목에 오색으로 빛나는 구슬이 있다고 한다.2) 그것을 가져다 바치는 사람에게는 원하는 바를 모두 들어주도록 하겠다."라고 하신다.3)

　거기 모인 가신들이 말씀을 받잡고 이야기하길,4)

　"말씀하시는 것은 더할 나위 없이 귀하다.5) 하지만 그 구슬은 쉽사리 얻을 수 없을 텐데.6) 하물며 용의 목에 있는 구슬을 어찌 얻을 수 있겠는가."라고 이야기 나누고 있었다.7)

　이를 보고 다이나곤이 말씀하시길,

　"주군을 섬기는 자라 일컫는 이라면,8) 제 목숨을 던져서라도, 자기 주군의 말씀을 반드시 이루고자 해야 온당할 것이다.9) 우리나라에 없는 천축이나 중국에 있는 물건

---

1) 大伴御行の大納言は、我が家にありとある人集めて、のたまはく、
2) 「龍の頸に、五色の光ある玉あなり。
3) それを取りて奉りたらむ人には、願はむことをかなへむ」とのたまふ。
4) 男ども、仰せのことをうけたまはりて申さく、
5) 「仰せのことは、いとも尊し。
6) ただし、この玉、たはやすくえ取らじを。
7) いはんや、龍の頸に玉はいかが取らむ」と申しあへり。
8) 大納言ののたまふ、「君の使といはむ者は、
9) 命を捨てても、おのが君の仰せごとをばかなへむとこそ思ふべけれ。

도 아니다.10) 우리나라 바다와 산에서 용은 오르내리는 것이다.11) 어찌하여 너희들이 어려운 일이라 하겠느냐?"12)

그러자 가신들이 아뢰길,

"그렇다면 어찌하겠습니까.13) 비록 힘겨운 일이라고 해도 말씀에 따라서 구하러 가겠습니다."라고 했다.14)

이에 다이나곤이 화가 가라앉아서,

"너희는 주군을 섬기는 자로 널리 이름이 알려져 있다.15) 주군의 말씀을 어찌 어길 수 있겠느냐."라고 말씀하시고,16) 용의 목에 있는 구슬을 가지러 간다며 그들을 내보내셨다.17)

그 사람들이 오가는 길에 쓸 양식이며 먹을거리에다가, 저택 안에 있던 비단이며 솜이며 돈 같은 것들을,18) 죄다 그러모아서 잔뜩 들려 보낸다.19)

그리고 다이나곤은 "이들이 돌아올 때까지, 재계하고 나는 여기 가만히 있을 것이다.20) 그 구슬을 구하지 못하고서는 집으로 돌아오지 마라."라고 말씀하셨다.21)

그들은 하나하나 말씀을 받잡고 떠나갔다.22)

---

10) この国になき、天竺・唐土の物にもあらず。
11) この国の海山より、龍は下り上るものなり。
12) いかに思ひてか、汝ら難きものと申すべき」。
13) 男ども申すやう、「さらば、いかがはせむ。
14) 難きものなりとも、仰せごとに従ひて、求めにまからむ」と申すに、
15) 大納言、御腹ゐて、「汝ら、君の使と名を流しつ。
16) 君の仰せごとをば、いかがはそむくべき」とのたまひて、
17) 龍の頭の玉取りにとて、いだし立てたまふ。
18) この人々の道の糧、食物に、殿の内の絹・綿・錢など、
19) あるかぎりとりいでて、そへて、つかはす。
20) 「この人々ども帰るまで、斎ひをして、我はをらむ。
21) この玉取り得では、家に帰り来な」とのたまはせけり。

"용의 목에 있는 구슬을 구하지 못하고는 돌아오지 마라."라고 하시니,23) "정처 없이 어디가 됐건 발길이 향하는 곳으로 가야겠다."라는 둥,24) "이렇게 제멋대로 하시다니."라며 욕지거리를 늘어놓고 있었다.25)

그리고 하사받은 물건을 각자 나눠 가졌다.26)

어떤 사람은 자기 집에 틀어박혀 있기도 하고, 또 어떤 이는 자기가 가고 싶은 곳으로 떠나갔다.27)

"비록 부모나 주군이라 하더라도 이처럼 터무니없는 일을 말씀하시다니."라며,28) 도무지 이해가 가지 않는 일이기에, 다이나곤을 욕해댄다.29)

그런데 다이나곤은 "가구야히메를 집에 두기에는 지금과 같아서는 볼품이 없다."라고 하시며,30) 멋들어진 집을 지으시고,31) 옻을 바르고, 그 위에 고운 가루를 덧칠하여 벽을 마련하시고,32) 지붕 위에 실을 염색하여 각양각색으로 뒤덮고,33) 집안 장식에는 말로 다 못 할 아름다운 능직물에 그림을 그려 온 방마다 둘러쳤다.34)

원래 있던 아내들은 침소로 들이지 않고, 가구야히메를 틀림없이 얻을 테니 그럴

---

22) 各々、仰せうけたまはりてまかりぬ。
23) 「龍の頸の玉とり得ずは帰り来な」と、のたまへば、
24) 「いづちもいづちも、足の向きたらむ方へ往なむず」、
25) 「かかるすき事をしたまふこと」とそしりあへり。
26) 賜はせたる物、各々、分けつつ取る。
27) あるいは己が家に籠りゐ、あるいは己が行かまほしき所へ往ぬ。
28) 「親・君と申すとも、かくつきなきことを仰せたまふこと」と、
29) 事ゆかぬ物ゆゑ、大納言をそしりあひたり。
30) 「かぐや姫据ゑむには、例のやうには見にくし」とのたまひて、
31) うるはしき屋を作りたまひて、
32) 漆を塗り、蒔絵して壁したまひて、
33) 屋の上に絲を染めて色々に葺かせて、
34) 内々のしつらひにはいふべくもあらぬ綾織物に絵をかきて、間毎に張りたり。

심산으로,35) 홀로 밤을 지새우며 지내신다.36)

---

35) 元の妻どもは、かぐや姫をかならずあはむまうけして、
36) ひとり明かし暮したまふ。

12. 몸소 겪어보니

    그렇게 구슬을 찾으러 보냈던 사람을, 밤이며 낮이며 기다리시는데, 한 해가 지나서까지 아무런 소식도 없다.1)

    그러자 다이나곤이 기다리다 못해, 남의 눈을 애써 피해, 그저 몸종 둘만 앞세워서,2) 남모르게 꾸미시고, 나니와(難波) 바닷가 언저리에 찾아가셔서 물으신 것은,3)

    "오토모 다이나곤이 부리는 사람이 배를 타고 바다에 나가서,4) 용을 죽이고, 그 목에 있는 구슬을 얻었다는 이야기를 들었나?"라고 묻게 하셨다.5)

    그러자 뱃사람이 대답하여 이르길 "괴상망측한 말이로군."하고 웃고는,6) "그런 일을 벌일 배도 없소이다."라고 대답했다.7)

    그러자 참으로 배짱 없는 뱃사람이로군, 알지도 못하면서 저리 지껄이는구나 여겨,8)

    "내가 쏘는 활의 힘은, 용이 있으면 단박에 쏴 죽이고, 그 목에 있는 구슬을 차지할 것이다.9) 더 이상 늦게 돌아오는 놈들을 기다리지 않겠다."라고 말씀하시고,10) 배에

---

1) つかはしし人は、夜昼待ちたまふに、年越ゆるまで音もせず。
2) 心もとながりて、いと忍びて、ただ舎人二人、召継として、
3) やつれたまひて、難波の辺におはしまして、問ひたまふことは、
4) 「大伴の大納言殿の人や、船に乗りて、
5) 龍殺して、そが頸の玉取れるとや聞く」と、問はするに、
6) 船人、答へていはく、「あやしき言かな」と笑ひて、
7) 「さるわざする船もなし」と答ふるに、
8) をぢなきことする船人にもあるかな。え知らで、かくいふと思して、

올라타서 온 바다를 두루 찾아다니신다.11)

그러다가 아주 멀리 쓰쿠시(筑紫_규슈[九州]의 옛 이름) 쪽 바다로 저어 나가셨다.12)

그런데 어찌 된 영문인지, 거센 바람이 불어, 온 세상이 캄캄해지고, 배를 밀어 어디론가 끌고 간다.13)

도무지 어딘지도 모르는데, 배를 바닷속에 처박을 만큼 휘몰아치고,14) 파도는 배에 들이치고 휘감아대며,15) 벼락이 자기에게 내리치듯 번쩍였다.16)

그러니 다이나곤이 넋이 나가서,

"내 이제껏 이런 험한 꼴을 당한 적이 없도다.17) 도대체 어쩌려고 이러느냐."라고 하신다.18)

이에 뱃사람이 대답하여 아뢰길,

"수많은 배를 타고 돌아다녔는데,19) 아직 이런 험한 꼴을 본 적이 없습니다.20) 타고 계신 배가 바닷속에 가라앉지 않는다면 벼락이 떨어지고 말 겁니다.21) 만일 다행스럽게 신령의 도움이 있다면 먼 남쪽 바다로 밀려갈 겁니다.22) 터무니없는 나리 곁에서

---

9) 「わが弓の力は、龍あらば、ふと射殺して、頸の玉は取りてむ。
10) 遅く来る奴ばらを待たじ」とのたまひて、
11) 船に乗りて、海ごとに歩きたまふに、
12) いと遠くて、筑紫の方の海に漕ぎいでたまひぬ。
13) いかがしけむ、疾き風吹きて、世界暗がりて、船を吹きもて歩く。
14) いづれの方とも知らず、船を海中にまかり入りぬべく吹き廻して、
15) 浪は船にうちかけつつ捲き入れ、
16) 雷は落ちかかるやうにひらめきかかるに、
17) 大納言心惑ひて、「まだ、かかるわびしき目、見ず。
18) いかならむとするぞ」とのたまふ。
19) 楫取答へて申す、「ここら船に乗りてまかり歩くに、
20) まだかかるわびしき目を見ず。
21) 御船海の底に入らずは、雷落ちかかりぬべし。

모시다가,23) 허무한 죽음을 맞이할 모양입니다."라며 뱃사람이 울부짖는다.24)

다이나곤이 이를 듣고서 말씀하시길,25)

"배에 올라서는 뱃사람이 하는 말을 드높은 산 마냥 기대야 할 텐데,26) 어찌 이리 믿음이 가지 않게 말합니까?"라고 시퍼런 구토물을 처발라 놓고 말씀하신다.27)

그러자 뱃사람이 대답하여 이르길,

"내가 신령이 아니니 무엇을 해드리겠습니까?28) 바람이 불고, 파도가 거친 데다가, 벼락까지 머리 꼭대기에 내려치려 하는 것은,29) 용을 잡아 죽이겠다고 하셨기 때문입니다.30) 세찬 바람도 용이 불게 하는 겁니다.31) 어서 신령에게 기도하십시오."라고 한다.32)

이에 "지당한 일입니다."라며,

"뱃사람이 섬기는 신령님 들으십시오.33) 겁 없이, 어리석게도, 용을 죽이겠다고 생각했습니다.34) 이제부터 이후로는 털끝 하나도 움직이시게 하지 않겠습니다."라고,35)

---

22) もし、幸に神の助けあらば、南海に吹かれおはしぬべし。
23) うたてある主の御許に仕うまつりて、
24) すずろなる死にをすべかめるかな」と、楫取泣く。
25) 大納言、これを聞きて、のたまはく、
26) 「船に乗りては、楫取の申すことをこそ、高き山と頼め、
27) など、かくたのもしげなく申すぞ」と、青へどをつきてのたまふ。
28) 楫取答へて申す、「神ならねば、何わざを仕うまつらむ。
29) 風吹き、浪激しけれども、雷さへ頂に落ちかかるやうなるは、
30) 龍を殺さむと求めたまへばあるなり。
31) 疾風も、龍の吹かするなり。
32) はや、神に祈りたまへ」といふ。
33) 「よきことなり」とて、「楫取の御神聞しめせ。
34) をぢなく、心幼く、龍を殺さむと思ひけり。
35) 今より後は、毛の一筋をだに動かしたてまつらじ」と、

기도하는 말을 내뱉고, 일어섰다 앉았다, 울며불며 고함치시기를,36) 천 번 남짓 거듭한 보람이 있었던 것인지, 점차 천둥이 잦아들었다.37)

그리고 조금 밝아졌는데, 바람은 여전히 세차게 분다.38)

뱃사람이 말하길,

"이는 용이 벌인 일이었던 겁니다.39) 이번에 부는 바람은 좋은 쪽으로 부는 바람입니다.40) 나쁜 쪽으로 부는 바람이 아닙니다.41) 좋은 쪽을 향해 부는 겁니다."라고 하지만,42) 다이나곤은 이를 받아들이지 않으신다.43)

그렇게 사나흘 바람이 불어 원래 있던 곳으로 되돌아왔다.44)

바닷가를 둘러보니 하리마(播磨_현재 효고[兵庫]현 남서부의 옛 지역명)의 아카시(明石) 해변이었다.45)

다이나곤은 먼 남쪽 바다 해안에 밀려간 것이 아닌가 싶어, 숨을 몰아쉬며 가만히 누워 계셨다.46)

배에 있던 사내들이 조정에 고했는데,47) 조정에서 보낸 벼슬아치가 마중하러 찾아왔지만, 일어서지 못하시고, 배 바닥에 그냥 누워 계셨다.48)

---

36) よごとをはなちて、立ち、居、泣く泣く呼ばひたまふこと、
37) 千度ばかり申し給ふ験にやあらむ、やうやう雷鳴りやみぬ。
38) 少し光りて、風は、なほ疾く吹く。
39) 楫取のいはく、「これは、龍のしわざにこそありけれ。
40) この吹く風は、よき方の風なり。
41) 悪しき方の風にはあらず。
42) よき方に面向きて吹くなり」といへども、
43) 大納言は、これを聞き入れたまはず。
44) 三四日吹きて、吹き返し寄せたり。
45) 浜を見れば、播磨の明石の浜なりけり。
46) 大納言、南海の浜に吹き寄せられたるにやあらむと思ひて、息づき臥したまへり。
47) 船にある男ども、国に告げたれども、

그러다 바닷가 소나무밭에 거적을 깔고 겨우 끌어내린다.49)

그제야 비로소 먼 남쪽 바다가 아니라고 알아차리고서,50) 간신히 일어나시는 모습을 보니,51) 풍이 너무나 중한 사람으로, 배도 몹시 부풀어 올라 있고,52) 이쪽저쪽 눈에는 마치 자두를 두 개씩 박아놓은 듯했다.53)

이를 보고서 마침내 조정의 벼슬아치도 미소 지었다.54)

---

48) 国の司まうでとぶらふにも、え起きあがりたまはで、船底に臥したまへり。
49) 松原に御延敷きて、おろしたてまつる。
50) その時にぞ、南海にあらざりけりと思ひて、
51) からうじて起きあがりたまへるを見れば、
52) 風いと重き人にて、腹いとふくれ、
53) こなたかなたの目には、李を二つつけたるやうなり。
54) これを見たてまつりてぞ、国の司も、ほほゑみたる。

13. 명을 거역해준 고마움에

조정에 말씀하시어 가마를 마련하게 하시어,1) 끙끙 앓으며 들것에 실려서 집으로 들어오셨는데,2) 어떻게 들은 건지, 심부름 보냈던 가신들이 찾아와서 아뢰길,3)

"용의 목에 있는 구슬을 얻지 못하였기에 나리 곁에도 돌아오지 못했습니다.4) 그 구슬을 얻기 어렵다는 사실을 아셨으니,5) 벌을 내리지 않으려니 하여 찾아왔습니다." 라고 한다.6)

이에 다이나곤이 일어나 앉아 말씀하시길,

"너희들이 잘도 가지고 오지 않아 주었도다.7) 용이라는 건 울리는 벼락과 같은 것이었다.8) 그 구슬을 차지하겠다 했다가, 수많은 사람이 해를 입을 뻔했다.9) 하물며 용을 붙잡았더라면, 또 거뜬히 나는 해를 입었을 것이다.10) 잘도 붙잡지 않았도다.11) 가구

---

1) 国に仰せたまひて、手輿つくらせたまひて、
2) によふによふ荷はれて、家に入り給ひぬるを、
3) いかでか聞きけむ、つかはしし男ども参りて申すやう、
4) 「龍の頸の玉をえ取らざりしかばなむ、殿へもえ参らざりし。
5) 玉の取り難かりしことを知りたまへればなむ、
6) 勘当あらじとて参りつる」と申す。
7) 大納言起きゐて、のたまはく、「汝ら、よく持て来ずなりぬ。
8) 龍は鳴る雷の類にこそありけれ。
9) それが玉を取らむとて、そこらの人々の害せられむとしけり。
10) まして、龍を捕へたらましかば、また、こともなく我は害せられなまし。
11) よく捕へずなりにけり。

야히메라고 하는 큰 도둑놈이 사람을 잡으려 벌인 짓이었다.12) 그 집 근처에도 이제 얼씬거리지 않을 것이다.13) 너희도 얼씬거리지 마라."라며, 집에 조금 남아있던 물건들을,14) 용의 구슬을 가져오지 않은 사람들에게 내려주었다.15)

이를 듣고서, 곁에서 멀리하셨던 예전 부인이 포복절도하신다.16)

색실을 덮어 만들었던 지붕은 솔개며 까마귀가 둥지에 쓰려고 죄다 물어가고 말았다.17)

온 세상 사람들이 말하길 "오토모 다이나곤은 용의 목에 걸린 구슬을 가지고 오셨나?" 하니,18) "아니, 그렇지도 않아.19) 대신 두 눈에 자두 같은 구슬을 박아 찾아오셨어."라고 했다.20)

이에 "아이고, 먹기 어렵네."라고 한 데에서,21) 세상에 들어맞지 않는 일을 "아이고, 못 견디겠네."22)라고 하기 시작한 것이다.23)

---

12) かぐや姫てふ大盗人の奴が人を殺さむとするなりけり。
13) 家のあたりだにいまは通らじ。
14) 男どもも、な歩きそ」とて、家にすこし残りたりける物どもは、
15) 龍の玉を取らぬ者どもに賜びつ。
16) これを聞きて、離れたまひし元の上は、腹を切りて笑ひたまふ。
17) 絲を葺かせて作りし屋は、鳶・烏の、巣に、みな食ひ持ていにけり。
18) 世界の人のいひけるは、「大伴の大納言は、龍の頸の玉や取りておはしたる」、
19) 「いな、さもあらず。
20) 御眼二つに、李のやうなる玉をぞ添へていましたる」といひければ、
21) 「あな、たべがた」と言ひけるよりぞ、
22) 앞선 「たべがた」(두 눈이 충혈된 모습을 자두에 비유)와 「たへがた」(참기 어렵다)를 대비시킨 것으로, 청탁과 관련하여 웃음의 장치를 마련했다.
23) 世にあはぬ事をば、「あな、たへがた」とはいひはじめける。

14. 자안패를 구하는 방법 - 다섯 번째 도전자

추나곤(中納言)인 이소노가미노 마로타리(石上麿足)가 집에 부리는 가신들에게,1) "제비가 둥지를 틀면 고하거라."라고 말씀하셨다.2)

이를 받잡고서 "어디 쓸 일이 있겠습니까?"라고 한다.3)

이에 대답하여 말씀하시길 "제비가 가지고 있는 자안패(子安貝)를 얻기 위함이니라."라고 하신다.4)

이에 가신들이 대답하여 아뢰길,

"제비를 수도 없이 죽여 보았지만, 그 뱃속에 없는 물건입니다.5) 다만 새끼를 낳는 바로 그때, 어찌 낳겠습니까? 그게 있다는 겁니다."라고 한다.6)

그리고 "사람이 조금이라도 엿보면 사라지고 맙니다."라고 한다.7)

또 누군가 아뢰길,

"관아8)의 밥 짓는 곳 용마루에 있는,9) 동자기둥 구멍마다 제비가 둥지를 틉니다.10)

---

1) 中納言石上麿足の、家に使はるる男どものもとに、
2) 「燕の、巣くひたらば告げよ」とのたまふを、
3) うけたまはりて、「何の用にかあらむ」と申す。
4) 答へてのたまふやう、「燕の持たる子安貝を取らむ料なり」とのたまふ。
5) 男ども答へて申す、「燕をあまた殺して見るだにも、腹になき物なり。
6) ただし、子をいむ時なむ、いかでかいだすらむ、侍んなる」と申す。
7) 「人だに見れば、失せぬ」と申す。
8) 원문의 「大炊寮」는 옛날 궁내성(宮內省)에 속하여 여러 지방에서 올라오는 곡식을 수납하고, 식료를 분배하는 일을 관장한 관청이다. 이를 「사도시(司䆃寺)_조선 시대에, 쌀·간장·겨자 따위를 궁중에 조달하는 일을 맡아보던 관아」(표준국어대사전)로 번역할 수도 있겠으나 여기에서는 단순히 '관아'로 옮긴다.

거기에 충직한 가신들을 이끌고 가서, 발판을 쌓아 올려 들여다보게 하면,11) 허다한 제비가 새끼를 낳지 않겠습니까?12) 그러면 바로 그때 잡도록 하십시오."라고 아뢴다.13)

이를 듣고 추나곤이 기뻐하시며,

"참으로 재미난 일이로구나.14) 당최 알 도리가 없었도다.15) 정말 흥미로운 이야기를 했도다."라고 하시고,16) 충직한 가신들 스무 명 남짓을 보내, 발판에 올려 지켜보게 하셨다.17)

그러고 나서 나리는 심부름꾼을 수도 없이 보내서 "자안패를 얻었느냐?"라고 묻도록 하신다.18)

그런데 제비도 사람이 수도 없이 올라와 있기에 무서워하여 둥지에도 들지 않는다.19)

그런 사정을 답신하니, 이를 들으시고,20) "어찌해야 할까?"라고 애태우고 계셨다.21)

그런데 그 관아의 벼슬아치인 구라쓰마로라고 하는 노인이 아뢰길,22)

---

9) また、人の申すやう、「大炊寮の飯炊く屋の棟に、
10) つかの穴ごとに、燕は巣をくひはべる。
11) それに、まめならむ男ども率てまかりて、足坐を結ひあげて、うかがはせむに、
12) そこらの燕、子うまざらむやは。
13) さてこそ取らしめたまはめ」と申す。
14) 中納言よろこびたまひて、「をかしきことにもあるかな。
15) もつともえ知らざりけり。
16) 興あること申したり」とのたまひて、
17) まめなる男ども二十人ばかりつかはして、麻柱にあげ据ゑられたり。
18) 殿より、使ひまなく賜はせて、「子安の貝取りたるか」と問はせたまふ。
19) 燕も、人のあまたのぼりゐたるに怖ぢて巣にものぼり来ず。
20) かかる由の返りごとを申したれば、聞きたまひて、
21) 「いかがすべき」と思しわづらふに、

"자안패를 구하고자 하신다면 계책을 아뢰겠습니다."라며 나리 앞에 찾아왔다.23)

이에 추나곤이 아주 가까이 들여 마주하셨다.24)

그러자 구라쓰마로가 아뢰길,

"이 제비의 자안패는 어설프게 꾸며 구하도록 하신 겁니다.25) 그리해서는 얻으실 수 없을 겁니다.26) 발판에 으르듯 스무 명에 이르는 사람이 올라가서 있으니,27) 기가 눌려서 다가오지 않습니다.28) 시키셔야 할 일은, 그 발판을 치우고,29) 사람들을 죄다 물리고, 충직한 사람 하나만 성기게 짠 바구니에 실어 두었다가,30) 당기는 줄을 마련하여, 새가 새끼를 낳는 찰나에 줄을 당겨 올려서,31) 단박에 자안패를 찾게 하심이 좋을 듯싶습니다."라고 아뢴다.32)

이를 듣고 추나곤이 말씀하시길,

"더할 나위 없이 괜찮은 이야기다."라고 하여,33) 발판을 치우고, 사람들은 모두 돌아왔다.34)

그리고 추나곤이 구라쓰마로에게 말씀하시길,

---

22) かの寮の官人くらつまろと申す翁申すやう、
23) 「子安貝取らむと思しめさば、たばかりまうさむ」とて、御前に参りたれば、
24) 中納言、額を合せて向ひたまへり。
25) くらつまろが申すやう、「この燕の子安貝は悪しくたばかりて取らせたまふなり。
26) さては、え取らせたまはじ。
27) 麻柱におどろおどろしく二十人の人ののぼりてはべれば、
28) あれて寄りまうで来ず。
29) せさせたまふべきやうは、この麻柱をこほちて、
30) 人みな退きて、まめならむ人一人を、荒籠に乗せ据ゑて、
31) 綱を構へて、鳥の、子産まむ間に、綱を吊り上げさせて、
32) ふと子安貝を取らせたまはむなむ、よかるべき」と申す。
33) 中納言のたまふやう、「いとよきことなり」とて、
34) 麻柱をこほち、人みな帰りまうで来ぬ。

"그런데 제비가 어떤 때 새끼를 낳는지 알아서,35) 사람을 끌어올려야 맞겠는가?"라고 하신다.36)

이에 구라쓰마로가 아뢰길,

"제비가 새끼를 낳으려 할 때는,37) 꼬리를 치켜들고 일곱 차례 빙빙 돌고 나서 낳는 모양입니다.38) 바로 그 일곱 차례 돌 때 잡아당겨 올려서, 바로 그때 자안패를 잡게 하십시오."라고 한다.39)

이를 듣고 추나곤이 크게 기뻐하시고는, 다른 사람들에게도 알리시지 아니하고,40) 슬그머니 그 관아에 찾아가셔서 가신들 틈에 섞여서,41) 밤을 낮 삼아서 구하도록 하신다.42)

그리고 구라쓰마로가 그리 아뢴 일을, 더할 나위 없이 기뻐하시어 말씀하시길,43)

"나를 바로 섬기는 사람도 아닌데, 내 바람을 이루어주는 것이 기쁘기에."라고 하시며,44) 입고 있던 옷을 벗어서 그의 어깨에 걸치셨다.45)

그리고 "이제 다시 밤이 되면 여기 관아로 찾아오거라."라고 하시고 보내셨다.46)

---

35) 中納言、くらつまろにのたまはく、「燕は、いかなる時にか子うむと知りて、
36) 人をば上ぐべき」とのたまふ。
37) くらつまろ申すやう、「燕子うまむとする時は、
38) 尾を捧げて七度めぐりてなむうみ落すめる。
39) さて、七度めぐらむをり、引きあげて、そのをり、子安貝は取らせたまへ」と申す。
40) 中納言よろこびたまひて、よろづの人にも知らせたまはで、
41) みそかに寮にいまして、男どもの中にまじりて、
42) 夜を昼になして取らしめたまふ。
43) くらつまろのかく申すを、いといたくよろこびて、のたまふ、
44) 「ここに使はるる人にもなきに、願ひをかなふることのうれしさ」とのたまひて、
45) 御衣ぬぎてかづけたまうつ。
46) 「さらに、夜さり、この寮にまうで来」とのたまうて、つかはしつ。

15. 몸소 찾아 나섰다가 낙상

    날이 저물었기에 그 관아로 몸소 찾아가시어 살피셨는데, 정말로 제비가 둥지를 틀었다.1)

    구라쓰마로가 아뢴 것처럼, 꼬리를 치켜들고 빙빙 돌기에,2) 성긴 바구니에 사람을 태워 끌어올리게 하시고,3) 제비 둥지에 손을 질러 넣어 찾도록 하는데 "아무것도 없습니다."라고 한다.4)

    이에 추나곤이,

    "어설프게 찾으니 없는 게다."라며 화를 버럭 내고는,5)

    "어느 누가 알아보겠느냐?"라며,

    "내가 직접 올라가서 찾아보겠다."라고 하셨다.6)

    그리고 바구니에 올라타곤 줄이 당겨져 올라가서 들여다보셨다.7)

    그리고 제비가 꼬리를 치켜들고 바삐 빙글빙글 도는 것에 맞춰 손을 뻗어 찾으시니,8) 손에 평평한 물건이 만져졌다.9)

---

1) 日暮れぬれば、かの寮におはして見たまふに、まことに燕巣つくれり。
2) くらつまろの申すやうに、尾浮けてめぐるに、
3) 荒籠に人をのぼせて、吊り上げさせて、
4) 燕の巣に手をさし入れさせてさぐるに、「物もなし」と申すに、
5) 中納言、「悪しくさぐればなきなり」と腹立ちて、
6) 「誰ばかりおぼえむに」とて、「我のぼりてさぐらむ」とのたまひて、
7) 籠に乗りて吊られのぼりてうかがひたまへるに、
8) 燕、尾をささげて、いたくめぐるに合せて、手をささげてさぐりたまふに、

그때 "내가 물건을 쥐었다. 이제 아래로 내리거라. 할아범, 해냈구려."라고 하셨다.10)

이에 사람들이 모여들어 서둘러 내리고자 하다가, 줄을 너무 세게 잡아당기는 바람에 줄이 그만 끊어지고 말았다.11)

그리고 바로 솥뚜껑 위에 벌러덩 떨어지셨다.12)

사람들이 놀라자빠져 바로 달려들어 부둥켜안아 올렸다.13)

나리는 두 눈이 뒤집혀 흰자위만 보인 채로 드러누워 계셨다.14)

이에 사람들이 물을 떠다 드린다.15)

그러자 간신히 숨이 돌아왔기에,16) 다시 솥뚜껑 위에서 손과 발을 붙들어 끌어내린다.17)

그리고 어렵사리 "지금 기분은 어떻습니까?"라고 물으니,18)

숨넘어가는 소리로 "정신은 조금 들지만, 허리가 당최 움직여지지 않는구나.19) 하지만 자안패를 단박에 쥐어 가지고 있으니, 기쁘게 생각한다.20) 어서 불을 밝혀 가져오거라. 이 조개의 낯을 보겠노라."라고 했다.21)

---

9) 手に平める物さはる時に、
10) 「我、物にぎりたり。今はおろしてよ。翁、し得たり」とのたまへば、
11) 集りて、とくおろさむとて、綱を引きすぐして綱絶ゆるすなはちに、
12) やしまの鼎の上にのけざまに落ちたまへり。
13) 人々あさましがりて、寄りて抱へたてまつれり。
14) 御眼は白眼にて臥したまへり。
15) 人々、水をすくひ入れたてまつる。
16) からうじて息出でたまへるに、
17) また鼎の上より、手とり足とりして、下げおろしたてまつる。
18) からうじて、「御心地はいかが思さるる」と問へば、
19) 息の下にて、「物はすこしおぼゆれど、腰なむ動かれぬ。
20) されど、子安貝を、ふと握り持たれば、うれしくおぼゆるなり。

어렵사리 고개를 들어 올리고, 쥐고 있던 손을 펼치셨는데,22) 제비가 싸질러놓은 낡은 똥을 쥐고 계신 것이었다.23)

그것을 보시고는 "아이고, 조개가 아닌 꼴이군."이라고 하셨다.24)

이로부터 뜻하는 바와 어긋나는 것을 '가이나시'25)라고 하기 시작했다.26)

손에 쥔 것이 조개가 아니라고 몸소 보셨기에, 넋이 나가서,27) 중국에서 들여온 궤짝의 뚜껑이 제대로 덮이지 않을 만큼, 허리가 부러지고 말았다.28)

추나곤은 유치한 짓을 벌이다가 이 꼴이 된 것을 남들에게 알리지 않으려 하셨지만,29) 그게 병이 되어 너무나 쇠약해지시고 말았다.30)

조개를 찾아내지 못했던 일보다도,31) 남들이 그 이야기를 듣고서 비웃을 일을 날이 가면 갈수록 걱정하셨기에,32) 그저 병들어 죽는 것보다도 남들이 듣는 것을 부끄럽게 여기신 것이었다.33)

그 이야기를 가구야히메가 듣고서 문병 차 보낸 노래인데,34)

---

21) 「まづ紙燭して来。この貝の顔見む」と
22) 御ぐしもたげて、御手を広げたまへるに、
23) 燕のまり置ける古糞を握りたまへるなりけり。
24) それを見たまひて、「あな、かひなのわざや」とのたまひけるよりぞ、
25) 원문의 「かひなし」는 자안패의 패(貝)를 「かひ」로 읽으므로 '조개가 없다'라는 뜻으로 직역할 수 있겠는데, 한편 「詮」이나 「甲斐」도 「かひ」로 읽어서 '행동의 결과로서의 효과, 해볼 만한 값어치'의 뜻도 지니므로, 동음이의어를 활용한 어원 풀이로 봐야겠다.
26) 思ふに違ふことをば、「かひなし」といひける。
27) 貝にもあらずと見たまひけるに、御心地も違ひて、
28) 唐櫃の蓋に入れられたまうべくもあらず、御腰は折れにけり。
29) 中納言は、わらはげたるわざして止むことを人に聞かせじとしたまひけれど、
30) それを病にて、いと弱くなりたまひにけり。
31) 貝をえ取らずなりにけるよりも、
32) 人の聞き笑はむことを日にそへて思ひたまひければ、
33) ただに病み死ぬるよりも、人聞きはづかしくおぼえたまふなりけり。

〈한참 지나 파도가 들이치지 않는 스미노에35)에서 기다려야 소용이 없다던데 진짠가요?〉36)

라는 노래를 읽어서 들려준다.37)

더없이 나약해진 마음에, 머리를 들어 올리고, 다른 이에게 종이를 들리고는,38) 힘겨운 마음에 겨우 적어 내려가신다.39)

〈보람이 이처럼 있었는데 기운이 다 떨어져 죽는 목숨을 구해주시지 않습니까?〉40)

이렇게 다 적고 나서, 그대로 돌아가셨다.41)

이를 듣고서 가구야히메는 조금 안됐다고 생각하셨다.42)

그로부터 조금 기쁜 일을 '가이아리'라고 하기 시작했다.43)

---

34) これを、かぐや姫聞きて、とぶらひにやる歌、

35) 원문의 "すみのえ"는 지금의 오사카(大阪)부와 효고(兵庫)현의 일부에 있던 옛 지명을 가리킨다.

36) 〈年を経て浪立ちよらぬ住の江のまつかひなしと聞くはまことか〉
이 부분에 대한 『全集』의 현대어역을 한국어로 다시 직역한다. 〈오랫동안 들르시지도 않습니다만, 조개가 없었기에 제 쪽에서도 기다리고 있는 보람이 없다고 하는 소문입니다만, 정말인가요?〉

37) とあるを、読みて聞かす。

38) いと弱き心に、頭もたげて、人に紙を持たせて、

39) 苦しき心地にからうじて書きたまふ。

40) 〈かひはかくありける物をわびはてて死ぬる命をすくひやはせぬ〉
이 부분에 대한 『全集』의 현대어역을 한국어로 다시 직역한다. 〈조개는 없었지만, 당신으로부터 편지를 받아서 보람은 이처럼 정말로 있었던 겁니다. 이러한 '보람(甲斐)'이 아니라 '숟가락(匙)'으로 인해 고통이 극심해져서 죽는 내 목숨을 구해주지 않으십니까?〉

41) と書きはつる、絶え入りたまひぬ。

42) これを聞きて、かぐや姫、すこしあはれとおぼしけり。

43) それよりなむ、すこしうれしきことをば、「かひあり」とはいひける。

16. 소문을 듣고 사람을 보낸 천자

그렇게 지내다가 가구야히메의 용모가 세상에 비할 바 없이 아름답다는 이야기를,1) 천자가 들으시고, 상궁2)인 나카토미노 후사코에게 이렇게 말씀하신다.3)

"수많은 사람을 못 쓰게 만들어 놓고 합하지 않는다는 가구야히메는,4) 도대체 어느 정도의 여인인지, 내려가서 직접 살펴보고 오거라."라고 하신다.5)

후사코가 이를 받잡고 그 집에 찾아갔다.6)

그러니 다케토리 할아버지의 집에서 황송해하며 청해 맞아들여 얼굴을 마주했다.7)

할머니에게 상궁이 말씀하시길,

"천자의 말씀에, 가구야히메의 용모가 빼어나시다 합니다.8) 잘 살펴보고 돌아올 것을 말씀하셨기에 찾아온 것입니다."라고 했다.9)

---

1) さて、かぐや姫のかたちの、世に似ずめでたきことを、
2) 원문의「内侍(ないし)」는 옛날 〈内侍司(ないしのつかさ)_항상 덴노(天皇) 가까이에서 시중들며, 주청(奏請)이나 칙명 전달 업무를 보고, 또한 후궁(後宮) 예식 등을 관장한 부서로 여성으로 구성됨〉의 여관(女官)을 가리킨다. 한자 그대로「내시」로 옮기면 '조선 시대에, 내시부에 속하여 임금의 시중을 들거나 숙직 따위의 일을 맡아보던 남자. 모두 거세된 사람'(표준국어대사전)과 혼동될 우려가 있어서, 예로부터 내명부 여관(女官)의 하나를 가리키는 '상궁'으로 옮긴다.
3) 帝聞しめして、内侍中臣のふさ子にのたまふ、
4) 「多くの人の身をいたづらになしてあはざなるかぐや姫は、
5) いかばかりの女ぞと、まかりて、見て参れ」とのたまふ。
6) ふさ子、うけたまはりて、まかれり。
7) たけとりの家に、かしこまりて請じ入れてあへり。
8) 嫗に、内侍ののたまふ、「仰せごとに、かぐや姫のかたち、優におはすなり。

이에 "그럼 그렇게 아뢰겠습니다."라고 하고 안으로 들어갔다.10)

그리고 가구야히메에게,

"어서 저기 찾아온 사신과 대면하십시오."라고 했다.11)

그러자 가구야히메는,

"잘난 얼굴도 아닙니다. 어찌 보일 수 있겠습니까?"라고 했다.12)

이에 "정신 나간 소리 마세요. 천자가 보낸 사신을 어찌 소홀히 대접하겠습니까?"라고 했다.13)

그러자 가구야히메가 대답하길,

"천자가 불러들이셔서 말씀하실 것을,14) 귀하다고도 여기지 않습니다."라고 하며, 도무지 얼굴을 보일 것 같지도 않다.15)

할머니는 이제껏 자신이 낳은 아이처럼 대해왔는데, 이번에는 너무나 겸연쩍게도,16) 쌀쌀맞게 말하기에, 자기 마음대로 억지로 시키지 못한다.17)

할머니가 상궁이 있는 곳으로 돌아와서는,

"안타깝게도 이 어리석은 사람이,18) 고집불통이라서, 대면하지 않겠다."라고 전한다.19)

---

9) よく見て参るべきよし、のたまはせつるになむ、参りつる」といへば、
10) 「さらば、かく申しはべらむ」といひて、入りぬ。
11) かぐや姫に、「はや、かの御使に対面したまへ」といへば、
12) かぐや姫、「よきかたちにもあらず。いかでか見ゆべき」といへば、
13) 「うたてものたまふかな。帝の御使をば、いかでかおろかにせむ」といへば、
14) かぐや姫の答ふるやう、「帝の召してのたまはむこと、
15) かしこしとも思はず」といひて、さらに見ゆべくもあらず。
16) うめる子のやうにあれど、いと心はづかしげに、
17) おろそかなるやうにいひければ、心のままにもえ責めず。
18) 嫗、内侍のもとに帰りいでて、「口惜しく、この幼き者は、

이에 상궁이,

"반드시 뵙고 오라는 말씀이 있었는데.20) 뵙지 않고서는 어찌 돌아가겠습니까?21) 나라님의 말씀을, 진정 이 세상에서 살아가시려는 사람이 받잡지 아니하고 멀쩡하겠습니까?22) 가당치 않은 일을 하시지 마십시오."라고 거북한 말을 건넸다.23)

그런데 이를 듣고서도 더더욱 가구야히메는 받아들일 것 같지 않다.24)

그리고 "나라님의 말씀을 거스르는 것이라면, 속히 죽이시면 그만 아니겠습니까?"라고 한다.25)

이에 상궁이 돌아가서 그 곡절을 아뢴다.26)

이를 천자가 들으시고,

"이것이 수많은 사람을 죽음에 이르게 했던 그 마음일 것이다."라고 하셨다.27)

그렇게 일단 마음을 접으시긴 했지만, 여전히 생각이 멈춰지지 않아,28) 이 여인의 꾀에 어찌 질소냐 하여, 할아버지를 불러들여 이렇게 말씀하신다.29)

"네가 가지고 있는 가구야히메를 내게 바치거라.30) 얼굴 생김새가 괜찮다고 들어서 사신을 보냈는데, 보람도 없이 보여주지 않고 말았구나.31) 이처럼 버르장머리 없는

---

19) こはくはべる者にて、対面すまじき」と申す。
20) 内侍、「かならず見たてまつりて参れと仰せごとありつるものを。
21) 見たてまつらではいかでか帰り参らむ。
22) 国王の仰せごとを、まさに世にすみたまはむ人の、うけたまはりたまはでありなむや。
23) いはれぬことなしたまひそ」と、言葉はづかしくいひければ、
24) これを聞きて、まして、かぐや姫、聞くべくもあらず。
25) 「国王の仰せごとをそむかば、はや、殺したまひてよかし」といふ。
26) この内侍、帰り参りて、この由を奏す。
27) 帝、聞しめして、「多くの人殺してける心ぞかし」とのたまひて、
28) 止みにけれど、なほ思しおはしまして、
29) この女のたばかりにや負けむと思して、仰せたまふ、
30) 「汝が持ちてはべるかぐや姫奉れ。

채로 그대로 둬야 하겠느냐."라고 말씀하신다.32)

이 말씀을 할아버지가 듣고서 황공하여 아뢰길,

"이 여자아이는,33) 죽어도 궁에 들어가 모시려 할 것 같지 않기에 난처해하고 있습니다.34) 그렇기는 하지만 집에 내려가서 말씀을 받잡도록 하겠습니다."라고 아뢴다.35)

이를 들으시고 말씀하신다.36)

"어찌 할아버지가 뜻하는 일인데, 그 마음대로 되지 않겠는가?37) 이 여식을 만일 들이게 된다면, 할아버지에게 벼슬을 어찌 내리지 않고 배기겠느냐."38)

이 말을 듣고 할아버지는 기쁜 마음에 집으로 돌아가서, 가구야히메에게 이렇게 말한다.39)

"이처럼 천자께서 말씀하십니다.40) 한사코 모시지 아니하겠다고 하겠습니까?"라고 하니, 가구야히메가 대답하여 말하길,41)

"한결같이 그러한 궁중 출사는 하지 아니하겠다고 생각하는데,42) 억지로 출사하도록 하시면, 사라져버리고 말 것입니다.43) 할아버지가 벼슬을 받으시고, 나는 죽으면

---

31) 顔かたちよしと聞しめして、御使賜びしかど、かひなく、見えずなりにけり。
32) かくたいだいしくやは慣らはすべき」と仰せらるる。
33) 翁、かしこまりて、御返りごと申すやう、「この女の童は、
34) 絶えて宮仕へつかうまつるべくもあらずはんべるを、もてわづらひはべり。
35) さりとも、まかりて仰せ賜はむ」と奏す。
36) これを聞しめして、仰せたまふ。
37) 「などか、翁のおほしたてたらむものを、心にまかせざらむ。
38) この女、もし、奉りたるものならば、翁にかうぶりを、などか賜はせざらむ」。
39) 翁、よろこびて、家に帰りて、かぐや姫に語らふやう、
40) 「かくなむ帝の仰せたまへる。
41) なほやは仕うまつりたまはぬ」といへば、かぐや姫答へていはく、
42) 「もはら、さやうの宮仕へつかまつらじと思ふを、
43) しひて仕うまつらはせたまはば、消え失せなむず。

그만입니다."44)

    이에 할아버지가 대답하길,

    "그리하지 마옵소서.45) 벼슬도 제 자식을 보지 못하고서는 무엇 하겠습니까?46) 그렇기는 해도 어찌 궁중 출사를 하지 않으시렵니까?47) 죽음을 맞으실 까닭이라도 있겠습니까?"라고 한다.48)

    이에 가구야히메가,

    "여전히 허언이 아닌가 하여, 출사하게 하여 죽지 아니하는지 보십시오,49) 적잖은 사람이 보인 나에 대한 정성이 여간하지 않았는데, 그걸 죄다 쓸모없게 만들어 버렸습니다.50) 그런데 어제오늘에 이르러 천자의 말씀에 그냥 따른다면, 남들에게 부끄럽습니다."라고 했다.51)

    그러자 할아버지가 대답하여 이르길,

    "이 세상의 일은, 이러하든, 저러하든,52) 제 목숨이 위태로운 것이야말로 커다란 걸림돌이니,53) 도저히 출사할 수 없다는 이야기를, 궁에 찾아가 아뢰겠습니다."라며 찾아가 아뢰길,54)

---

44) 御官冠仕うまつりて、死ぬばかりなり」。

45) 翁いらふるやう、「なしたまひそ。

46) 冠も、わが子を見たてまつらでは、なににかせむ。

47) さはありとも、などか宮仕へをしたまはざらむ。

48) 死にたまふべきやうやあるべき」といふ。

49) 「なほそらごとかと、仕うまつらせて死なずやあると、見たまへ。

50) あまたの人の心ざしおろかならざりしを、むなしくなしてしこそあれ。

51) 昨日・今日帝ののたまはむことにつかむ、人聞きやさし」といへば、

52) 翁、答へていはく、「天下のことは、とありとも、かかりとも、

53) 御命の危さこそ、大きなる障りなれば、

54) なほ仕うまつるまじきことを、参りて申さむ」とて、参りて申すやう、

"천자의 말씀이 황송하여, 그 아이를 들게 하겠다고 하고 그리 전했더니,55) '궁중에 출사하게 내보내면 죽을 겁니다.'라고 합니다.56) 실은 저 미야쓰코마로의 손으로 낳은 자식도 아닙니다.57) 그 옛날 산에서 찾아낸 아이입니다.58) 그러다 보니 마음 씀씀이도 세상 사람과 닮지 않았습니다."라고 아뢴다.59)

---

55) 「仰せのことのかしこさに、かの童を参らせむとて仕うまつれば、
56) 『宮仕へにいだしたてば死ぬべし』と申す。
57) みやつこまろが手にうませたる子にてもあらず。
58) 昔、山にて見つけたる。
59) かかれば、心ばせも世の人に似ずはべり」と奏せさす。

17. 몸소 찾아가 만난 천자

천자가 말씀하시길,

"미야쓰코마로의 집은 산기슭에서 가깝다지.1) 사냥 행차를 하시는 척을 하다가 가구야히메를 볼 수 있겠는가?"라고 말씀하신다.2)

이에 미야쓰코마로가 아뢰길,

"더없이 좋은 생각입니다. 어찌 아니 되겠습니까?3) 가구야히메가 넋을 놓고 있을 때, 갑작스레 행차하셔서 보시면, 보실 수 있을 겁니다."라고 아뢰었다.4)

이에 천자가 별안간 날짜를 정하여 사냥에 나서셔서,5) 가구야히메가 사는 집으로 들어가셔서, 친히 보시니, 빛을 가득 머금고 곱게 앉아 있는 사람이 있다.6)

바로 이 사람이 틀림없다고 생각하여, 도망쳐 들어가려는 옷소매를 붙드시니,7) 얼굴을 가리고 있었지만, 애초에 제대로 보셨기에,8) 비할 바 없이 귀하게 여기셔서,9)

"그리 두지 않겠다."라며 데리고 가려 드니,10) 가구야히메가 대답하여 아뢴다.11)

---

1) 帝仰せたまはく、「みやつこまろが家は山もと近かなり。
2) 御狩の御幸したまはむやうにて見てむや」とのたまはす。
3) みやつこまろが申すやう、「いとよきことなり。なにか。
4) 心もとなくてはべらむに、ふと御幸して御覽ぜば、御覽ぜられなむ」と奏すれば、
5) 帝、にはかに日を定めて御狩にいでたまうて、
6) かぐや姫の家に入りたまうて、見たまふに、光滿ちてきよらにてゐたる人あり。
7) これならむと思して、逃げて入る袖をとらへたまへば、
8) 面をふたぎてさぶらへど、初めよく御覽じつれば、
9) 類なくめでたくおぼえさせたまひて、

"내 몸이 이 땅에서 태어난 것이라야 나를 데려가 쓰실 수 있겠지요.12) 도저히 데리고 가기 힘들지 않겠습니까?"라고 아뢴다.13)

이를 듣고 천자가,

"어찌 그러하겠는가? 여전히 데리고 가야겠다."라며,14) 가마를 가까이 들이시니, 가구야히메가 문득 그림자가 되고 말았다.15)

덧없이 서운하게 여기면서도, 정말로 보통 사람이 아니었다고 깨달아서,16)

"그러면 나와 함께 데리고 가지는 않겠소.17) 원래 모습으로 돌아오시오.18) 그것을 봐야만 돌아가겠소."라고 말씀하시니,19) 가구야히메가 원래 모습으로 돌아왔다.20)

천자는 여전히 귀하게 여기는 마음을 억누르기 어렵다.21)

---

10) 「ゆるさじとす」とて率ておはしまさむとするに、
11) かぐや姫答へて奏す。
12) 「おのが身はこの国に生れてはべらばこそ使ひたまはめ、
13) いと率ておはしましがたくやはべらむ」と奏す。
14) 帝、「などかさあらむ。なほ率ておはしまさむ」とて、
15) 御輿を寄せたまふに、このかぐや姫、きと影になりぬ。
16) はかなく口惜しと思して、げにただ人にはあらざりけりと思して、
17) 「さらば、御伴には率て行かじ。
18) 元の御かたちとなりたまひね。
19) それを見てだに帰りなむ」と仰せらるれば、
20) かぐや姫、元のかたちになりぬ。
21) 帝、なほめでたく思しめさるること、せきとめがたし。

18. 빈손으로 돌아간 천자

그래도 이처럼 가구야히메를 보여준 미야쓰코마로를 천자가 기쁘게 여기신다.1)

그리고 천자를 모시는 백관들에게 할아버지가 향응을 성대하게 베푼다.2)

천자는 가구야히메를 거기 그대로 두고 돌아가시는 것을 못마땅하고 서운하게 여기셨지만,3) 자신의 넋을 거기에 남겨둔 심경으로 궁으로 돌아가셨다.4)

가마에 오르시고 나서 가구야히메에게 노래를 남기신다.5)

〈돌아가는 행차가 내키지 않는데 뿌리치고 남은 가구야히메 때문에〉6)

그리고 이에 대한 답가는 이러하다.7)

〈덩굴풀이 무성한 아래에서 한참 지낸 내 처지에 어찌 옥으로 꾸민 저택을 보겠습니까?〉8)

---

1) かく見せつるみやつこまろを、よろこび給ふ。
2) さて、仕うまつる百官の人に饗いかめしう仕うまつる。
3) 帝、かぐや姫をとどめて帰りたまはむことを、あかず口惜しく思しけれど、
4) 魂をとどめたる心地してなむ、帰らせたまひける。
5) 御輿にたてまつりて後に、かぐや姫に、
6) 〈帰るさのみゆき物憂くおもほえてそむきてとまるかぐや姫ゆゑ〉
　이 부분에 대한 『全集』의 현대어역을 한국어로 다시 직역한다. 〈돌아가는 길의 행차가 아쉽게 여겨져, 그만 뒤돌아보고 마는 나인데, 그것도 모두 천자의 칙명을 거스르고 출사하지 않는 가구야히메, 당신 때문이오.〉
7) 御返りごと、
8) 〈むぐらはふ下にも年は経ぬる身のなにかは玉のうてなをも見む〉
　이 부분에 대한 『全集』의 현대어역을 한국어로 다시 직역한다. 〈덩굴풀이 우거진 그런 천한 집에서 시간을 보내온 제가, 어찌 새삼스레 금과 옥으로 꾸민 궁전을 보며 살 수 있겠습니까.〉

이를 천자가 보시고, 도무지 돌아가실 곳도 없는 듯한 애절한 마음이 드신다.9)

마음속으로는 전혀 돌아가려고도 하지 않았지만,10) 그렇다고 해서 여기에서 밤을 지새우실 일도 아니기에, 그대로 돌아가셨다.11)

돌아가서 평소에 곁에서 모셨던 사람들을 보시니,12) 가구야히메의 곁에 견줄 수 있을 것 같지도 않았다.13)

다른 사람보다는 아름답다고 여겼던 이도, 그에 견주면 사람도 아니다.14)

그렇게 가구야히메만이 마음에 걸려, 그저 홀로 지내신다.15)

까닭 없이 부인들에게도 건너가시지 않는다.16)

오직 가구야히메에게 글을 적어 보내신다.17)

그에 대한 답장은 그래도 서로 정겹게 나누시는데,18) 맛깔스럽게, 나무며 풀에 빗대 노래를 지어 보내신다.19)

---

9) これを、帝御覧じて、いとど帰りたまはむ空もなく思さる。
10) 御心は、さらにたち帰るべくも思されざりけれど、
11) さりとて、夜を明かしたまふべきにあらねば、帰らせたまひぬ。
12) つねに仕うまつる人を見たまふに、
13) かぐや姫のかたはらに寄るべくだにあらざりけり。
14) 異人よりはきよらなりと思しける人も、かれに思し合すれば、人にもあらず。
15) かぐや姫のみ御心にかかりて、ただ独り住みしたまふ。
16) よしなく御方々にも渡りたまはず。
17) かぐや姫の御もとにぞ、御文を書きてかよはせたまふ。
18) 御返り、さすがに憎からず聞えかはしたまひて、
19) おもしろく、木草につけても御歌をよみてつかはす。

19. 실은 달나라 사람인데

이처럼 애달픈 마음을 서로 어루만지고 계셨는데,1) 삼 년 남짓 지나, 봄이 시작될 무렵부터, 가구야히메는 달이 운치 있게 떠 있는 것을 보고는,2) 평소와 달리 시름이 가득한 모습이었다.3)

같이 있는 사람이 "달의 얼굴을 보는 것은 삼갈 일"이라고 막아보았지만,4) 걸핏하면 곁에 사람이 없는 사이를 틈타, 달을 올려다보고는 구슬프게 우신다.5)

그렇게 시간이 흘러 7월 15일 보름달이 떴을 때 밖에 나와 앉아 깊은 시름에 빠진 눈치다.6)

가까이 부리는 사람들이 다케토리 할아버지에게 고하여 이르길,7)

"가구야히메가 평소에도 달을 애절하게 여기셨지만,8) 요사이 들어서는 여간한 일이 아닌 듯싶습니다.9) 몹시 걱정하고 탄식하는 일도 있는 모양입니다.10) 정말로 잘 지켜

---

1) かやうにて、御心をたがひに慰めたまふほどに、
2) 三年ばかりありて、春のはじめより、かぐや姫、月のおもしろういでたるを見て、
3) 常よりも、物思ひたるさまなり。
4) 在る人の、「月の顔見るは、忌むこと」と制しけれども、
5) ともすれば、人間にも、月を見ては、いみじく泣きたまふ。
6) 七月十五日の月にいでゐて、せちに物思へる気色なり。
7) 近く使はるる人々、たけとりの翁に告げていはく、
8) 「かぐや姫、例も月をあはれがりたまへども、
9) この頃となりては、ただごとにもはべらざめり。
10) いみじく思し嘆く事あるべし。

보십시오."라고 하는 말을 듣고, 가구야히메에게 말하길,11)

"무슨 생각이 들기에 이처럼 수심 가득한 낯빛으로 달을 올려다보시는 겁니까?12) 이토록 평안한 시절인데."라고 했다.13)

이에 가구야히메는,

"달을 바라보다 보니 세상이 뒤숭숭하고 애절해지는 겁니다.14) 어찌 다른 일로 한숨짓겠습니까?"라고 한다.15)

할아버지가 가구야히메가 있는 곳으로 가서 살펴보니, 여전히 시름이 가득한 모습이다.16) 이를 보고,

"부처님처럼 소중한 분이시여, 무슨 일을 생각하십니까?17) 생각하시는 일이 무엇입니까?"라고 했다.18)

그러자 가구야히메는,

"달리 생각하는 일도 없습니다. 그냥 뒤숭숭한 생각이 듭니다."라고 했다.19)

이에 할아버지는,

"달을 올려다보지 마십시오.20) 이를 올려다보시기에 시름에 빠진 모습이 보이는 겁니다."라고 했다.21)

---

11) よくよく見たてまつらせたまへ」といふを聞きて、かぐや姫にいふやう、
12) 「なんでふ心地すれば、かく物を思ひたるさまにて月を見たまふぞ。
13) うましき世に」といふ。
14) かぐや姫、「見れば、世間心細くあはれにはべる。
15) なでふ物をか嘆きはべるべき」といふ。
16) かぐや姫の在る所にいたりて、見れば、なほ物思へる気色なり。
17) これを見て、「あが仏、何事思ひたまふぞ。
18) 思すらむこと、何事ぞ」といひへば、
19) 「思ふこともなし。物なむ心細くおぼゆる」といへば、
20) 翁、「月な見たまひそ。

그러자 가구야히메는,

"어찌 달을 올려다보지 않고 배기겠습니까?"라며, 여전히 달이 뜨자 밖으로 나가 앉아서 한숨짓고 시름에 잠겨 있었다.22)

하지만 날이 저물고서 달이 뜨기 이전에는 근심하지 않는 눈치다.23)

그러다가 달이 뜰 무렵이 되자, 다시 이따금 크게 한숨짓고 울기도 한다.24)

이를 보고 집에서 일하는 사람들이 "역시 근심하는 일이 있는 모양이다."라며 수군대지만,25) 부모는 물론이고 아무것도 알지 못한다.26)

그렇게 8월 15일 무렵이 되는 달에 밖에 나가 앉아서 가구야히메가 더없이 구슬프게 우신다.27)

다른 사람이 보는 눈도 이제는 거리끼지 않으시고 우신다.28)

이를 보고 부모들도 "무슨 일이냐?"라며 묻고 야단법석을 떤다.29)

가구야히메가 울며불며 말하길,

"예전에도 말씀드리려고 생각했지만,30) 필시 뒤숭숭한 마음이 드실 줄 알기에, 이제껏 그냥 지내왔던 겁니다.31) 하지만 그러고만 있는 건 아니라고 생각해서 털어놓는

---

21) これを見たまへば、物思す気色はあるぞ」といへば、
22) 「いかで月を見ではあらむ」とて、なほ月いづれば、いでゐつつ嘆き思へり。
23) 夕やみには、物思はぬ気色なり。
24) 月のほどになりぬれば、なほ時々はうち嘆き、泣きなどす。
25) これを、使ふ者ども、「なほ物思すことあるべし」と、ささやけど、
26) 親をはじめて、何事とも知らず。
27) 八月十五日ばかりの月にいでゐて、かぐや姫、いといたく泣きたまふ。
28) 人目も、今はつつみたまはず泣きたまふ。
29) これを見て、親どもも、「何事ぞ」と問ひ騒ぐ。
30) かぐや姫、泣く泣くいふ、「さきざきも申さむと思ひしかども、
31) かならず心惑はしたまはむものぞと思ひて、今まで過ごしはべりつるなり。

겁니다.32) 사실 제 몸은 이 세상 사람도 아닙니다.33) 달나라 사람입니다.34) 그런데 그 옛날 맺은 약조가 있었기에, 이 세상에 찾아온 것이었습니다.35) 이제는 돌아가야 할 때가 되었기에, 이번 달 보름날에,36) 저 본 나라에서 마중하러 사람들이 찾아올 겁니다.37) 이에 거스르지 못하고 떠나갈 테니, 나를 그리워 시름에 잠기실 일이 슬프기에,38) 요 봄부터 걱정하여 한숨짓고 있었던 겁니다."라고 하며 크게 울었다.39)

이를 할아버지가 듣고서,

"이는 무슨 말씀을 하십니까?40) 대나무 속에서 찾아내 드리기는 했지만, 유채 씨앗만큼 작았는데,41) 내 키에 견줄 만큼까지 키워드린 내 자식인데,42) 도대체 누가 마중한다는 겁니까? 내가 설마 그냥 내버려 두겠습니까?"라고 했다.43)

그리고 "나야말로 죽겠다."라며 울부짖는데, 너무나 견디기 어려운 모양이다.44)

이에 가구야히메가 말하길,

"내게는 달나라 사람으로 아버지 어머니가 있습니다.45) 아주 잠깐만이라고 하여 저

---

32) さのみやはとて、うち泣きではべりぬるぞ。
33) おのが身は、この国の人にもあらず。
34) 月の都の人なり。
35) それをなむ、昔の契りありけるによりなむ、この世界にはまうで来たりける。
36) 今は、帰るべきになりにければ、この月の十五日に、
37) かの元の国より、迎へに人々まうで来むず。
38) さらずまかりぬべければ、思し嘆かむが悲しきことを、
39) この春より、思ひ嘆きはべるなり」といひて、いみじく泣くを、
40) 翁、「こは、なでふことをのたまふぞ。
41) 竹の中より見つけきこえたりしかど、菜種の大きさおはせしを、
42) わが丈立ちならぶまでやしなひたてまつりたる我が子を、
43) なにびとか迎へきこえむ。まさにゆるさむや」といひて、
44) 「我こそ死なめ」とて、泣きののしること、いと堪へがたげなり。
45) かぐや姫のいはく、「月の都の人にて、父母あり。

나라에서 내려왔는데,46) 이처럼 이 세상에서 수많은 세월을 보냈던 겁니다.47) 저 나라에 있는 아버지 어머니에 대해서도 기억하지 못합니다.48) 여기에서는 이처럼 오랫동안 즐거이 지내 정들고 말았습니다.49) 돌아가는 게 달가운 마음도 들지 않습니다. 그저 눈물겹기만 합니다.50) 하지만 제 뜻과 달리 가야만 합니다."라며, 모두가 한데 뒤엉켜 대성통곡한다.51)

집에 부리는 사람들도 오랫동안 살갑게 지내다 보니, 떠나 헤어진다는 것을,52) 마음씨 같은 게 곱고 사랑스러웠던 것을 가까이 보고 정들어서,53) 앞으로 그리워할 일을 도무지 견딜 수 없어, 더운물을 먹지 않고, 한마음으로 슬퍼하고 있었다.54)

---

46) かた時の間とて、かの国よりまうで来しかども、
47) かくこの国にはあまたの年を経ぬるになむありける。
48) かの国の父母のこともおぼえず。
49) ここには、かく久しく遊びきこえて、慣らひたてまつれり。
50) いみじからむ心地もせず。悲しくのみある。
51) されど、おのが心ならずまかりなむとする」といひて、もろともにいみじう泣く。
52) 使はるる人も、年ごろ慣らひて、立ち別れなむことを、
53) 心ばへなどあてやかにうつくしかりつることを見慣らひて、
54) 恋しからむことの堪へがたく、湯水飲まれず、同じ心に嘆かしがりけり。

20. 천자의 귀에 들어갔으니

이 일을 천자가 들으시고, 다케토리의 집에 사자를 보내신다.1)

사자를 다케토리가 나가 맞이하여 한없이 운다.2)

이 일을 애통해하니, 수염도 허옇게 세고, 허리도 굽고, 눈도 짓무르고 말았다.3)

할아버지는 올해로 오십 남짓이 되었는데,4) 시름에 빠져서 순식간에 늙은이가 되고 만 것으로 보인다.5)

사자가 어명이라며 할아버지에게 말하길,6)

"'더할 나위 없이 괴로워 시름에 빠졌다는 건 정말인가?'라고 말씀하십니다."라고 했다.7)

이에 다케토리가 울며불며 아뢰는데,

"이번 보름날에,8) 달나라에서 가구야히메를 마중하러 내려온다고 합니다.9) 황공하게도 하문하셨습니다.10) 이번 보름날에는 내리신 사람들을 받아서, 달나라 사람이 찾

---

1) このことを、帝、聞しめして、たけとりが家に、御使つかはさせたまふ。
2) 御使に、たけとりいであひて、泣くことかぎりなし。
3) このことを嘆くに、鬚も白く、腰もかがまり、目もただれにけり。
4) 翁、今年は五十ばかりなりけれども、
5) 物思ひには、かた時になむ、老いになりにけると見ゆ。
6) 御使、仰せごととて、翁にいはく、
7) 「『いと心苦しく物思ふなるはまことにか』と仰せたまふ」。
8) たけとり、泣く泣く申す、「この十五日になむ、
9) 月の都より、かぐや姫の迎へにまうで来なる。

아오면 붙잡아버리게 하겠습니다."라고 아뢴다.11)

　그렇게 보냈던 사신이 돌아와서 할아버지의 형편을 아뢰고, 주청했던 일들을 아뢰니,12) 그 이야기를 들으시고 말씀하신다.13)

　"단 한 차례 보았던 마음에서조차 잊히지 아니하는데,14) 날마다 가까이 보고 정든 가구야히메를 떠나보내고서 어찌 지내겠는가?"15)

---

10) 尊く問はせたまふ。
11) 「この十五日は、人々賜はりて、月の都の人まうで来ば、捕へさせむ」と申す。
12) 御使帰り参りて、翁の有様申して、奏しつることども申すを、
13) 聞しめして、のたまふ、
14) 「一目見たまひし御心にだに忘れたまはぬに、
15) 明け暮れ見慣れたるかぐや姫をやりて、いかが思ふべき」。

21. 가야만 한다니

그 보름날, 대소신료에게 말씀하시어, 칙사로 중장인 다카노노 오쿠니라는 사람을 지명하고,1) 궁궐경비대 관리를 보태 이천 명에 이르는 사람을 다케토리 집으로 보내신다.2)

그 집에 가서 담벼락 위에 천 명, 지붕 위에 천 명,3) 원래 집안일을 보던 사람들이 많았는데, 그들과 합하여 발 디딜 틈도 없이 지키도록 한다.4)

그렇게 막아선 사람들도 활과 화살을 지니고 있다.5)

집안에서는 할머니와 나머지 사람들을, 차례로 돌아가며 내려와서 지키도록 한다.6)

할머니는 벽으로 둘러친 방 안에서 가구야히메를 꼭 부둥켜안고 가만히 있다.7)

할아버지도 그 방의 문을 걸어 잠그고, 문 앞에서 지키고 있다.8)

할아버지가 말하길,

"이렇게 철통같이 지키고 있는데, 하늘나라 사람이라 해도 질소냐?"라고 했다.9)

---

1) かの十五日、司々に仰せて、勅使、中將高野のおほくにといふ人を指して、
2) 六衛の司あはせて、二千人の人を、たけとりが家につかはす。
3) 家にまかりて、築地の上に千人、屋の上に千人、
4) 家の人々多かりけるにあはせて、あける隙もなく守らす。
5) この守る人々も、弓矢を帯してをり。
6) 屋の内には嫗どもを、番に、下りて守らす。
7) 嫗、塗籠の内に、かぐや姫を抱かへてをり。
8) 翁も、塗籠の戸鎖して、戸口にをり。
9) 翁のいはく、「かばかりまもる所に、天の人にも負けむや」といひて、

그리고 지붕 위에 있는 사람들에게 말하길,

"털끝만큼이라도 뭔가가 하늘에 얼씬거리면, 단박에 쏴죽이십시오."라고 했다.10)

이에 지키고 선 사람들이 말하길,

"이렇게까지 해서 지키고 있는 곳에 박쥐 한 마리라도 보이면,11) 단박에 쏴 죽여서 본때로 널어놓고자 합니다."라고 한다.12)

할아버지가 이 말을 듣고서 듬직해 하고 있었다.13)

이 이야기를 듣고서 가구야히메가 말한다.14)

"안에 닫아걸고 지켜 싸우려 꾀한다고 하더라도, 저 나라 사람과 싸울 수는 없는 법입니다.15) 활과 화살로 쏠 수 없을 겁니다.16) 이처럼 닫아걸고 있더라도 그 나라 사람이 오면 죄다 열리고 말 겁니다.17) 맞서 싸우고자 하더라도, 그 나라 사람이 오면 용감무쌍한 사람이라고 해도 차마 버틸 수 없을 겁니다."18)

이에 할아버지가 말하길,

"마중하러 온다는 자를, 기다란 손톱으로 눈알을 뽑아 짓이겨 버리겠습니다.19) 그 머리끄덩이를 붙잡아 마구 뽑아버릴 겁니다.20) 그 엉덩이를 까발려서 수많은 궁궐 사

---

10) 屋の上にをる人々にいはく、「つゆも、物、空に駆けらば、ふと射殺したまへ」。
11) 守る人々のいはく、「かばかりして守る所に、かはほり一つだにあらば、
12) まづ射殺して、外にさらさむと思ひはべる」といふ。
13) 翁、これを聞きて、たのもしがりをり。
14) これを聞きて、かぐや姫いふ、
15) 「鎖し籠めて、守り戦ふべきしたくみをしたりとも、あの国の人をえ戦はぬなり。
16) 弓矢して射られじ。
17) かく鎖し籠めてありとも、かの国の人来ば、みなあきなむとす。
18) あひ戦はむとすとも、かの国の人来なば、猛き心つかふ人も、よもあらじ」。
19) 翁のいふやう、「御迎へに来む人をば、長き爪して、眼をつかみつぶさむ。
20) さが髪をとりて、かなぐり落とさむ。

람들에게 보여서 망신을 주겠습니다."라며 노발대발하고 있었다.21)

  그러자 가구야히메가 말하길,

  "그리 큰소리로 말씀하지 마십시오.22) 지붕 위에 있는 사람들이 들을 텐데 너무나 거북합니다.23) 이제껏 베푸셨던 사랑도 제대로 알지 못하고,24) 떠나가려 하는 것이 안타깝습니다.25) 오랜 약조가 없었더라면 좋았을 텐데, 이제 곧 떠나야 할 테니, 처량할 따름입니다.26) 부모님 봉양을 조금이라도 해드리지 못한 채로 떠나가는 길이니 그게 편치도 않을 터라,27) 평소에도 밖에 나가 앉아, 올해만큼 말미를 구했지만,28) 도무지 받아들여지지 않았기에, 이처럼 시름에 잠겨 한숨짓고 있었습니다.29) 두 분의 마음만 어지럽혀놓고서 떠나가려 하는 것이 슬퍼 견디기 어렵습니다.30) 저 달나라에 사는 사람은 더없이 아름답고 늙지도 않는답니다.31) 그리고 걱정하는 일도 없답니다.32) 그런 곳으로 가려고 합니다만, 속이 편치 않습니다.33) 두 분이 늙어 쇠약해진 모습을 보살펴드리지 못할 것이야말로 서운하기 짝이 없습니다."라고 했다.34)

---

21) さが尻をかきいでて、ここらの朝廷人に見せて、恥を見せむ」と腹立ちをり。
22) かぐや姫のいはく、「声高になのたまひそ。
23) 屋の上にをる人どもの聞くに、いとまさなし。
24) いますがりつる心ざしどもを、思ひも知らで、
25) まかりなむとすることの口惜しうはべりけり。
26) 長き契りのなかりければ、ほどなくまかりぬべきなめりと思ひ、悲しくはべるなり。
27) 親たちのかへりみを、いささかだに仕うまつらでまからむ道もやすくもあるまじきに、
28) 日頃も、いでゐて、今年ばかりの暇を申しつれど、
29) さらにゆるされぬによりてなむ、かく思ひ嘆き侍る。
30) 御心をのみ惑はして去りなむことの、悲しく堪へがたくはべるなり。
31) かの都の人は、いときよらに、老いをせずなむ。
32) 思ふこともなくはべるなり。
33) さる所へまからむずるも、いみじくはべらず。
34) 老いおとろへたまへるさまを見たてまつらざらむこそ恋しからめ」といへば、

그러자 할아버지는,

"그런 가슴 아픈 말씀을 하지 마십시오.35) 아무리 눈부신 모습을 한 사자가 내려오더라도 거리끼지 않을 겁니다."라며 노여움에 휩싸여 있다.36)

---

35) 翁、「胸いたきこと、なのたまひそ。
36) うるはしき姿したる使にも、障らじ」と、ねたみをり。

22. 하늘로 올라가며

　그러고 있는데 초저녁이 한참 지나 자시(子時) 어간에 이르러,1) 집 둘레가 한낮의 밝기보다 훨씬 빛이 가득하다.2)

　보름달의 밝기를 열 합쳐놓은 것과 같아, 거기 모여있는 사람의 털 구멍까지 또렷이 보일 정도다.3)

　그리고 너른 하늘로부터 사람이 구름을 타고 내려와서,4) 바닥에서 다섯 척 남짓 뜬 언저리에 즐비하게 늘어서 있었다.5)

　집 안팎에 있던 사람들의 생각에, 무언가가 덮친 듯한 기운이 들어, 맞서 싸우고자 하는 마음도 없었다.6)

　가까스로 정신을 차리고 활과 화살을 집어 들려 하지만,7) 손에 힘도 빠져서 움츠러들고 말았다.8)

　그런데 그 가운데 심지가 굳은 자가 정신을 가다듬고 화살을 쏘려고 하지만,9) 엉뚱

---

1) かかるほどに、宵うちすぎて、子の時ばかりに、
2) 家のあたり、昼の明さにも過ぎて、光りたり。
3) 望月の明さを十合せたるばかりにて、在る人の毛の穴さへ見ゆるほどなり。
4) 大空より、人、雲に乗りて下り来て、
5) 土より五尺ばかり上りたるほどに立ち連ねたり。
6) 内外なる人の心ども、物におそはるるやうにて、あひ戦はむ心もなかりけり。
7) からうじて、思ひ起こして、弓矢をとりたてむとすれども、
8) 手に力もなくなりて、萎えかかりたり。
9) 中に、心さかしき者、念じて射むとすれども、

한 쪽으로 날아가 버리니, 맞서 싸우지 못하고, 넋이 모두 나가서 그냥 서로 지켜만 보고 있었다.10)

　허공에 늘어선 사람들은 옷차림이 아름답기가 달리 비할 바가 없고, 하늘을 나는 수레를 하나 곁에 두고 있었다.11)

　그 수레에는 천으로 만든 덮개가 씌워 있었다.12)

　그 가운데 우두머리로 보이는 사람이, 집을 향해,

　"미야쓰코마로야 이리 나오거라."라고 했다.13)

　그러자 담대하게 마음먹었던 미야쓰코마로도 역시 무언가에 홀린 듯한 기분이 들어, 바싹 엎드려 있었다.14)

　말하길,

　"너, 미련한 자여.15) 보잘것없는 공덕을 할아버지가 쌓았기에,16) 네게 도움이 되라고, 아주 잠시라 하여 내려보냈는데,17) 수많은 나날, 허다한 황금을 얻어, 지체가 뒤바뀐 듯 되고 말았다.18) 가구야히메는 하늘에서 죄를 지셨기 때문에,19) 이처럼 미천한 네가 거하는 곳에, 한동안 계셨던 게다.20) 이제 그 죗값을 모두 치렀기에, 이처럼 맞으

---

10) ほかざまへいきければ、あひも戦はで、心地、ただ痴れに痴れてまもりあへり。
11) 立てる人どもは、装束のきよらなること物にも似ず、飛ぶ車一つ具したり。
12) 羅蓋さしたり。
13) その中に、王とおぼしき人、家に、「みやつこまろ、まうで来」といふに、
14) 猛く思ひつるみやつこまろも、物に酔ひたる心地して、うつぶしに伏せり。
15) いはく、「汝、幼き人。
16) いささかなる功徳を、翁つくりけるによりて、
17) 汝が助けにとて、かた時のほどとてくだししを、
18) そこらの年ごろ、そこらの黄金賜ひて、身を変へたるがごとなりにたり。
19) かぐや姫は罪をつくりたまへりければ、
20) かく賤しきおのれがもとに、しばしおはしつるなり。

러 왔는데, 할아버지가 울부짖는구나.21) 이는 가당치 않은 일이다.22) 어서 내놓거라."라고 한다.23)

   그러자 할아버지가 대답하여 아뢰길,

   "가구야히메를 보살펴 드린 지 이십여 년이 됐습니다.24) '잠시'라고 하시니, 수상쩍은 마음이 들었습니다.25) 또 다른 곳에 가구야히메라고 하는 사람이 계신 모양입니다."라고 한다.26)

   그리고 "여기에 계시는 가구야히메는 무거운 병을 앓고 계시니,27) 나갈 수 없을 겁니다."라고 했다.28)

   하지만 그에 대한 대답도 없이 지붕 위에 하늘을 나는 수레를 가까이 붙이고,29) "자, 가구야히메여, 이렇게 누추한 곳에 어찌 오래 머무시겠습니까?"라고 한다.30)

   그러자 걸어 잠가 놓았던 문들이 삽시간에 죄다 활짝 열리고 말았다.31)

   가림막 같은 것들도 사람이 손쓰지 않고서도 열려버렸다.32)

   할머니가 품에 부둥켜안고 있던 가구야히메가 밖으로 나왔다.33)

---

21) 罪の限りはてぬれば、かく迎ふるを、翁は泣き嘆く。
22) あたはぬことなり。
23) はや返したてまつれ」といふ。
24) 翁答へて申す、「かぐや姫をやしなひたてまつること二十余年になりぬ。
25) 『かた時』とのたまふに、あやしくなりはべりぬ。
26) また異所にかぐや姫と申す人ぞおはしますらむ」といふ。
27) 「ここにおはするかぐや姫は、重き病をしたまへば、
28) えいでおはしますまじ」と申せば、
29) その返りごとはなくて、屋の上に飛ぶ車を寄せて、
30) 「いざ、かぐや姫、穢き所に、いかでか久しくおはせむ」といふ。
31) 立て籠めたる所の戸、すなはちただあきにあきぬ。
32) 格子どもも、人はなくしてあきぬ。
33) 嫗抱きてゐたるかぐや姫、外にいでぬ。

도무지 막아낼 도리가 없기에, 그저 우러러보며 울고만 있다.34)

다케토리가 넋이 나가 엎드려 울고 있는 곳으로 다가가서 가구야히메가 말한다.35)

"이제 본의 아니게 이렇게 떠나가는데, 올라가는 모습만이라도 배웅해 주십시오."라고 했다.36)

하지만 "무엇 하러, 처량한데, 배웅해 드리겠습니까?37) 나를 어쩌라고 버리고 올라가십시오?38) 함께 데리고 가십시오."라며 울부짖으며 엎드리니 마음이 어지러워진다.39)

"글을 적어두고 가겠습니다.40) 그리워질 때마다 꺼내서 보십시오."라며 눈물지으며 적은 말은,41)

'이 세상에서 태어난 것이라면, 한숨짓게 해드리지 않을 만큼까지 머물 겁니다.42) 이처럼 떠나 헤어지는 것은 거듭거듭 본의가 아닙니다.43) 여기에 벗어놓는 옷을 정표로 여기십시오.44) 달이 떠 있는 밤에는 하늘을 올려다보십시오.45) 여기에 내버려 두고서 떠나가는데, 하늘에서도 떨어질 듯한 심정입니다.'라고 적어놓는다.46)

---

34) えとどむまじければ、たださし仰ぎて泣きをり。
35) たけとり心惑ひて泣き伏せる所に、寄りてかぐや姫いふ、
36) 「ここにも、心にもあらでかくまかるに、のぼらむをだに見送りたまへ」といへども、
37) 「なにしに、悲しきに、見送りたてまつらむ。
38) 我をいかにせよとて、捨ててはのぼりたまふぞ。
39) 具して率ておはせね」と、泣きて、伏せれば、御心惑ひぬ。
40) 「文を書き置きてまからむ。
41) 恋しからむをりをり、取りいでて見たまへ」とて、うち泣きて書く言葉は、
42) 「この国に生れぬるとならば、嘆かせたてまつらぬほどまで侍らむ。
43) 過ぎ別れぬること、かへすがへす本意なくこそおぼえはべれ。
44) 脱ぎ置く衣を形見と見たまへ。
45) 月のいでたらむ夜は、見おこせたまへ。
46) 見捨てたてまつりてまかる、空よりも落ちぬべき心地する」と書き置く。

그런데 하늘나라 사람 가운데 들고 있는 상자가 있다.47)

거기에 하늘의 날개옷이 들어있다.48)

또 있는데, 불사약이 들어있다.49)

한 하늘나라 사람이 말하길,

"단지에 들어있는 약을 드십시오.50) 누추한 곳의 음식을 드셨으니, 속이 편치 않을 겁니다."라며,51) 가지고 다가가니, 살짝 혀를 대시고는, 조금 정표로 두겠다며,52) 벗어놓은 옷에 꾸리려 하니, 함께 있던 하늘나라 사람이 가로막는다.53)

그리고 날개옷을 꺼내 입히려고 한다.54)

바로 그때 가구야히메가 "잠시 기다려라."라고 한다.55)

"날개옷을 입은 사람은 정신이 달리 바뀐다고 합니다.56) 말 한마디 남겨둘 것이 있었습니다."라며 글을 쓴다.57)

하늘나라 사람이 "늦도다."라며 다그치신다.58)

이에 가구야히메는,

"알지도 못하는 말씀을 하시지 마십시오."라며,59) 너무나 차분하게 조정에 글월을

---

47) 天人の中に、持たせたる箱あり。
48) 天の羽衣入れり。
49) またあるは、不死の薬入れり。
50) 一人の天人言ふ、「壺なる御薬たてまつれ。
51) 穢き所の物きこしめしたれば、御心地悪しからんものぞ」とて、
52) 持て寄りたれば、いささかなめたまひて、すこし、形見とて、
53) 脱ぎ置く衣に包まむとすれば、在る天人包ませず。
54) 御衣をとりいでて着せむとす。
55) その時に、かぐや姫、「しばし待て」といふ。
56) 「衣着せつる人は、心異になるなりといふ。
57) 物一言いひ置くべきことありけり」といひて、文書く。
58) 天人、「遅し」と、心もとながりたまふ。

올리신다.60)

하나도 허둥대지 않는 모습이다.61)

"이렇게 수많은 사람을 보내셔서 붙잡도록 하셨지만,62) 가차 없이 마중하러 찾아와서, 데리고 가버리니, 서운하고 처량한 일입니다.63) 궁에 출사하여 모시지 못했던 것도, 이렇게 복잡한 사정이 있는 처지였기 때문입니다.64) 터무니없는 일이라고 생각하셨겠지만 말이지요.65) 제가 모질게 받아들이지 않았던 일을,66) 버르장머리 없다고 끝내 생각하실 것이 마음에 남습니다."라며,67)

〈이제 가야 한다고 하늘나라 날개옷을 입을 때에야 당신을 그립다고 떠올립니다〉68)

라고 적어서, 단지에 담긴 약과 함께, 조정에서 보낸 중장을 불러들여서 건네도록 한다.69)

그러자 중장에게 하늘나라 사람이 받아 전한다.70)

중장이 그걸 받으니, 이내 하늘나라 날개옷을 걸쳐 입으셨다.71)

---

59) かぐや姫、「もの知らぬこと、なのたまひそ」とて、
60) いみじく静かに、朝廷に御文たてまつりたまふ。
61) あわてぬさまなり。
62) 「かくあまたの人を賜ひてとどめさせたまへど、
63) 許さぬ迎へまうで来て、取り率てまかりぬれば、口惜しく悲しきこと。
64) 宮仕へ仕うまつらずなりぬるも、かくわづらはしき身にてはべれば。
65) 心得ず思しめされつらめども。
66) 心強くうけたまはらずなりにしこと、
67) なめげなるものに思しとどめられぬるなむ、心にとまりはべりぬる」。とて、
68) 〈今はとて天の羽衣着るをりぞ君をあはれと思ひいでける〉
　　이 부분에 대한 『全集』의 현대어역을 한국어로 다시 직역한다. 〈이제는 여기까지라며 하늘나라 날개옷을 입을 때가 되어, 당신에 대한 일을 절절히 떠올리고 있는 저입니다.〉
69) とて、壺の薬そへて、頭中将呼び寄せて、奉らす。
70) 中将に、天人とりて伝ふ。

그러자 할아버지를, 딱하다, 처량하다고 생각했던 것들도 모두 사라졌다.72)

이 날개옷을 입은 사람은 시름이 모두 사라지기에,73) 수레에 올라, 백 명 남짓한 하늘나라 사람과 더불어 하늘로 올라갔다.74)

---

71) 中将とりつれば、ふと天の羽衣うち着せたてまつりつれば、
72) 翁を、いとほし、かなしと思しつることも失せぬ。
73) この衣着つる人は、物思ひなくなりにければ、
74) 車に乗りて、百人ばかり天人具して、のぼりぬ。

23. 후지산에 올라

그러고 나서 할아버지와 할머니는 피눈물을 흘리며 어찌할 바를 몰라 하지만 아무런 소용이 없다.1)

그렇게 적어놓고 간 글을 읽어서 들려주었지만,2)

"무엇하겠나, 내 목숨도 아깝지 않다. 누굴 위해서란 말이냐? 아무짝에도 쓸모가 없다."라며 약도 먹지 않는다.3)

그러다 끝내 일어나지 못하고 병들어 몸져누웠다.4)

중장이 사람들을 이끌고 궁에 돌아와서,5) 가구야히메를 맞서 싸워 붙잡지 못했던 사정을 소상히 아뢴다.6)

그리고 약이 든 단지와 함께 글을 올린다.7)

그 글을 펼쳐서 보시고, 더없이 애절하게 여기시고, 음식도 드시지 아니한다.8)

그리고 유흥 같은 것도 하나 없었다.9)

---

1) その後、翁・嫗、血の涙を流して惑へど、かひなし。
2) あの書き置きし文を読みて聞かせけれど、
3) 「なにせむにか命も惜しからむ。誰がためにか、何事も用もなし」とて、薬も食はず。
4) やがて起きもあがらで、病み臥せり。
5) 中将、人々引き具して帰り参りて、
6) かぐや姫を、え戦ひとめずなりぬること、こまごまと奏す。
7) 薬の壷に御文そへて参らす。
8) ひろげて御覧じて、いとあはれがらせたまひて、物もきこしめさず。
9) 御遊びなどもなかりけり。

대신들과 귀족들을 불러들여서,

"어떤 산이 하늘에 가까운가?"라고 하문하셨다.10)

이에 어떤 사람이 아뢰길,

"스루가(駿河_시즈오카(静岡)현 중앙부의 옛 이름) 지역에 있다는 산이 여기 도읍에서도 가깝고, 하늘에도 가깝습니다."라고 아뢴다.11)

이를 들으시고, 노래를 읊으신다.12)

〈만날 일도 없는데 눈물에 젖은 내게 죽지 않는 약도 무엇에 쓸꼬〉13)

그리고 먼저 바친 불사약을 담은 단지에 글을 보태서 사자에게 건네신다.14)

칙사로는 쓰키노 이와가사라는 사람을 붙여서,15) 스루가 지역에 있다고 하는 산꼭대기에 가지고 갈 것을 말씀하신다.16)

그리고 그 산봉우리에서 해야 할 일을 일러주신다.17)

글월과 불사약이 담긴 단지를 나란히 늘어놓고서, 불을 붙여 태워야 할 것을 말씀하신다.18)

그 말씀 받자와 병사들을 잔뜩 이끌고 그 산에 오른 이래로,19) 그 산을 '후지산'20)

---

10) 大臣・上達部を召して、「いづれの山か天に近き」と問はせたまふに、
11) ある人奏す、「駿河の国にあるなる山なむ、この都も近く、天も近くはべる」と奏す。
12) これを聞かせたまひて、
13) 〈あふこともなみだにうかぶ我が身には死なぬ薬も何にかはせむ〉
   이 부분에 대한 『全集』의 현대어역을 한국어로 다시 직역한다. 〈가구야히메와 만날 일도 이제 두 번 다시 없기에, 흘러넘치는 눈물에 떠다니는 듯한 내 몸에 불사약 따위 무슨 쓸모가 있겠는가.〉
14) かの奉る不死の薬壺に文具して、御使に賜はす。
15) 勅使には、つきのいはがさといふ人を召して、
16) 駿河の国にあなる山の頂に持てつくべきよし仰せたまふ。
17) 峰にてすべきやう教へさせたまふ。
18) 御文、不死の薬の壺ならべて、火をつけて燃やすべきよし仰せたまふ。
19) そのよしうけたまはりて、士どもあまた具して山へ登りけるよりなむ、

이라고 이름 붙였다.21)

 그 피어오른 연기가 이제껏 구름 속으로 올라가고 있다고 전해 내려온다.22)

---

20) 해당 부분을 청탁의 가능성을 모두 적용하고 한자로 옮기면 먼저 'ふし'는 '不死' 'ぶし'는 '武士' 'ふじ'는 '富士' 마지막으로 'ぶじ'는 '無事'가 된다. 일본의 영산이라 일컫는 '후지산'의 어원을 풀이한 셈이다.
21) その山を「ふじの山」とは名づける。
22) その煙、いまだ雲の中へ立ちのぼるとぞ、いひ伝へたる。

오토기조시御伽草子 ①

1. 복덩이 이야기[1]

　얼쑤, 예로부터 오늘에 이르기까지 복된 일을 전하여 듣는데,[2] 미천한 자가 뜻하지 않게 크게 출세하여,[3] 처음부터 끝까지 걱정거리 하나 없이 복된 것은,[4] 히타치(常陸_옛 지역명으로 현재 이바라키[茨城]현 일대) 지방에서 소금 굽는 일을 하는 분쇼(文正)라고 하는 사람 이야기였다.[5]

　그 연유를 물으니 이야기하겠는데, 히타치 지방 열여섯 군 가운데 가시마(鹿島_이바라키현 동부 지명)의 대명신(大明神_두터운 신앙의 대상이 되는 신[神]에 대한 존칭)이라고 하여 영험한 신사(神社)가 계셨다.[6]

　그 신궁의 신관(神官)으로 대궁사(大宮司)[7]라고 하는 사람이 계셨는데, 엄청난 부자셨다.[8] 온 천지에 사만 개나 되는 곳간을 지었고, 거기가 온갖 보물들로 가득가득 넘쳐나는데,[9] 어느 것 하나 빠진 구석이 없고, 죄다 제 뜻대로 이루어지는데, 갖가지 보물

---

1) 『日本古典文学全集 36』 [p.41] 「文正草子」(분쇼 이야기)
2) それ、昔が今に至るまで、めでたきことを聞き伝ふるに、
3) 賤しき者のことのほかに成り出でて、
4) 初めより後までも、もの憂きことなくめでたきは、
5) 常陸国に塩焼の文正と申す者にてぞ侍りける。
6) その故を尋ぬれば、国中十六郡の内に、鹿島の大明神とて、霊社ましましける。
7) 「大宮司(だいぐうじ)」는 옛날 이세(伊勢)를 비롯하여 우사(宇佐)와 아쓰타(熱田), 가시마(鹿島) 등 각지에 설치된 신궁(神宮)·신사(神社)의 수장을 일컫는 말이다.
8) かの宮の神主に、大宮司と申す人おはしけるが、長者にてぞましましける。
9) 四方に四万の蔵を建て、七珍万宝の宝満ち満ちて、

들이 있다.10)

가지고 있는 집을 세어보니 만 팔천 채에 이른다.11) 식솔로는 아래로 가신12)에 이르기까지 헤아릴 수 없이 많고, 부인들이며 시중드는 사람이 팔백육십 명이었다.13) 그리고 아들도 다섯 있었는데, 모두 얼굴 생김새며 예능 같은 것이 그 누구보다 빼어났다.14)

한편 대궁사 나리의 아랫것 가운데 분타(文太)라는 자가 있는데 오랫동안 모시던 사람이다.15) 비록 천한 신분이었지만 심성이 올곧고 주인을 귀하게 생각하여,16) 밤낮으로 그 뜻에 어긋나지 않도록 섬기고 있었다.17)

그런데 그 마음을 떠보려고 생각하셨던 것인지,18) 주인 된 대궁사 나리가 말하길, "너는 오랫동안 섬겨온 자이지만, 내 마음에 들지 않는구나.19) 어디든 가서 거기에서 지내도록 하거라.20) 그리고 다시 마음을 고쳐먹게 된다면 돌아오거라."라고 말씀하셨다.21)

이에 분타가 생각하길 설령 천 명, 만 명이 있다손 치더라도,22) 제 목숨이 붙어있는

---

10) 一つ欠けたることもなく、よろづ心に任せて、いろいろあり。
11) 家の数は一万八千軒なり。
12) 원문의 「郎等(ろうどう)」는 무사(武士)로서 주인과 혈연관계를 맺지 않은 종자(從者)를 가리킨다. 또는 일반적으로 무사인 가신이나 영지(領地)가 없는 사람을 가리킨다.
13) 郎等に至るまで数を知らず、女房たち、仲居の者、八百六十人なり。
14) 男子五人、ともにみめかたち、芸能、万人にすぐれたり。
15) また、大宮司殿の雑色に、文太といふ者あり、年ごろの者なり。
16) 下郎なれども、心は正直に、主のことを大事に思ひ、
17) 夜昼心に違はじと、宮仕へしけれども、
18) 心を見んとや思はれけん、
19) 主の大宮司殿、「なんぢ、年ごろの者といへども、わが心に違ふなり。
20) いかならん所へも行きて過ぐべし。
21) また思ひも直したらんには、帰り参れ」とのたまひければ、

한 받들어 모시고자 생각하고 있었는데,23) 이러한 말씀을 내리시는지라 어쩔 도리가 없구나.24) 하지만 어디에 머물더라도 주인님을 소홀히 여길 수는 없는 노릇이고,25) 금세 다시 찾아뵐 것이라며, 정처도 없이 길을 나섰다.26)

그러다가 쓰노오카가이소라고 하는 소금을 굽는 바닷가에 다다랐다.27)

어떤 소금 장수 집에 들어가 이르길,

"저는 여행하는 사람입니다.28) 부디 거두어 주십시오."라고 아뢰었더니, 그 주인이 이를 듣고서 정체를 알 수 없는 자이기는 하나,29) 보기에 까닭 없이 가엾게 여겨, 제 집에 두었다.30)

그렇게 며칠이 지나서 주인이 말하길,31)

"이렇게 심심하고 지루하게 지내느니 소금 굽는 땔나무라도 해 오시지요."라고 했다.32)

그러자 "더없이 손쉬운 일입니다."라며 땔나무를 해 왔다.33)

본디 힘이 장사라서 대여섯 사람이 지는 것보다도 훨씬 많이 해 왔다.34) 이를 보고

---

22) 文太思ひけるは、たとえ千人万人ありといふとも、
23) わが命あらんかぎりは奉公申すべきと存じ候ひつるに、
24) かかる仰せ下るうへは力なし、
25) さりながら、いづくに候ふとも、おろかに思ひ申すべからず、
26) またやがてこそ参り申すべしとて、いづちともなく行くほどに、
27) つのをかが磯、塩焼く浦に著きにけり。
28) ある塩屋に入りて申すやう、「これは旅の者にて候ふ。
29) 御目をかけて給はれ」と申しければ、主聞きて、上の空なる者なれども、
30) 見るよりそぞろにいとほしく思ひて、その家に置きける。
31) 日数を経るほどに、主申しけるは、
32) 「かくてつれづれにおはせんより、塩焼く薪なりとも取り給へ」と言ひければ、
33) 「いとやすきことなり」とて、薪をぞ取りける。
34) もとより大力なれば、五六人して持ちたるよりも多くしてぞ来ける。

주인은 너무너무 기뻐하며, 둘도 없는 사람이라고 생각했다.35)

그렇게 한참을 지내다가, 분타가 아뢴 말은,36) 자신도 소금을 구워 팔면 좋겠다고 생각하여, 주인에게 아뢰길,37)

"얼마간 몸담아 일한 것에 대한 보답으로 소금 굽는 가마솥을 하나 내려주셨으면 합니다.38) 너무나도 의지할 곳이 없기에, 장사라도 해볼까 합니다."라고 했다.39)

이에 본디 가엾게 생각했기에 소금 굽는 가마솥을 두 개 내려주었다.40) 그걸로 소금을 구워 팔았는데, 그 분타가 구운 소금이 어땠는가 하면,41) 맛깔나며, 먹는 사람은 병에 걸리지 않고 젊음을 되찾으며,42) 또한 소금이 얼마나 많던지 도무지 헤아릴 수도 없고, 이전보다 서른 배나 되었기에, 이내 부유한 사람이 되셨다.43)

그렇게 세월이 지나다 보니 이제 갑부가 되고 말았다.44)

그러다 보니 쓰노오카가이소에 사는 다른 소금 장수들도 모두 하나로 그를 따랐다.45)

그러다가 이름을 바꾸어 분쇼(文正) 쓰네오카라고 했다.46)

집터로 쓰는 드넓은 땅을 그러모아서 사방에 여든세 곳 곳간을 짓고,47) 집은 아흔

---

35) 主なのめに喜びて、又なき者と思ひける。
36) かくて年月を経るほどに、文太申しけるは、
37) われも塩焼きて売らばやと思ひ、主に申すやう、
38) 「この年月、奉公仕り候ふ御恩に、塩竈一つ給はり候へかし。
39) あまりにたよりなく候へば、商ひしてみ候はん」と申しければ、
40) もとよりいとほしく思ひければ、塩竈二つ取らせけるに、
41) 塩焼きて売りければ、この文太が塩と申すは、
42) こころよくて、食ふ人病なく若くなり、
43) また塩の多さつもりもなく、三十層倍にもなりければ、やがて徳人になり給ふ。
44) 年月経るほどに、今は長者とぞなりにけり。
45) さるほどに、つのをかか磯の塩屋ども、みなみな従ひける。
46) さるほどに、名を替へて、文正つねをかとぞ申しける。

채를 즐비하게 지어놓았다.48) 그 옛날 수닷타 장자49)라 해도 이에는 맞먹지 못할 것으로 보였다.50)

그러하기에 히타치 지방 사람들은, 눈앞에 닥친 일이기에,51) 주인을 가릴 일이 아니라 자기가 받는 대가에 따르는 게 당연한 노릇이니, 어찌 어려운 일이겠냐며, 모두 하나로 분쇼를 모셨다.52)

그러다 보니 집사며 가신에 이르기까지 삼백여 명 외에,53) 허드렛일 보는 사람과 풀 베는 사람, 그리고 노비에 이르기까지 그 수를 헤아릴 수 없이 많았다.54)

재물은 어떠한 천자라고 하더라도 이보다 더하지 않으리라고 생각했다.55)

그렇기는 하지만 아들이건 딸이건 자식이 하나도 없었다.56)

어느 날 대궁사 나리가 그 이야기를 들으시고, 아무래도 기이하게 여기셔서,57) 그를 불러서 물어보려 생각하시어 분타를 불러들이셨다.58)

오랫동안 찾아뵙지 못했기에 반가운 마음에 서둘러 찾아갔다.59)

---

47) 堀の内七十五町にかい籠めて、四方に八十三の蔵を建て、
48) 家の棟数九十軒造り並べたり。
49) 원문의「須達(しゅだつ)」에 대한『広辞苑』의 풀이는 다음과 같다.「석존(釈尊) 당시 중인도 사위성(舎衛城)의 장자(長者). 항상 아비가 없는 자(孤)나, 늙어 자식이 없는 자(独)를 가엾게 여겨 즐겨 옷과 음식을 베풀었기에 급고독(給孤独;ぎっこどく)이라 불렸다. 석존에 귀의하여 기원정사(祇園精舎;ぎおんしょうじゃ)를 바쳤다.」
50) 昔の須達長者もかくやと思ひける。
51) されば、常陸国の者ども、この頃のことなれば、
52) 主な嫌ひそ、恩を嫌へ、何か苦しかるべきとて、みなみな文正にぞ使はれける。
53) しかれば、家の子郎等に到るまで三百余人のほか、
54) 雑色、草刈、下部に到るまで、その数知らず。
55) 宝は、いかなる十善の君と申すとも、これには過ぎじとぞおぼえける。
56) さりながら、男子にても女子にても、子はなかりける。
57) ある時、大宮司殿に、このよしきこしめし、さても不思議におぼしめし、
58) かれを召して尋ねんと思ひ給ひ、文太をぞ召されける。

그리고 커다란 마당에 수그리고 앉아 있었다.60)

대궁사 나리가 이를 보시고, 비록 그 지체야 천하다고 해도 복이 넘치는 사람이기에,61) 어찌 마당에 그리 둘 수 있겠냐며 "이리로 이리로" 하며 불러들이셨다.62)

그리하여 분타는 넓은 툇마루에까지 올라와 앉았다.63)

대궁사 나리가 말씀하시길,

"분타야, 너 정말이냐?64) 한없는 부자가 되어, 아무리 천자시라고 하더라도,65) 내게 어찌 당하시겠는가, 라고 황공하게도 떠들고 다닌다던데?66) 그런 천벌 받을 이야기를 어찌 지껄인단 말이냐?"라고 하셨다.67)

그러자 분타가 황공하여 아뢰길,

"제 몸이 천하기 그지없는데,68) 이만한 재물을 갖고, 그쪽 생각을 못 하고, 분별없이 지껄이고 있었습니다."라고 했다.69)

이를 듣고 "도대체 어느 정도 재물이기에 그리 생각하는가?"라고 하셨다.70)

그러자 "금이며 은이며 온갖 비단이며, 온갖 보물이 이루 헤아릴 수 없고,71) 온 사

---

59) 久しく参り候はねば、嬉しく思ひて、急ぎ参りける。
60) 大庭にかしこまりて、ゐ申しける。
61) 大宮司殿御覧じて、その身こそ賤しきとも、めでたき者なれば、
62) いかで庭には置くべきとて、「これへこれへ」とこそ召されける。
63) さるほどに、文太は広縁までぞ参りける。
64) 大宮司殿のたまひけるは、「文太は、まことや。
65) 限りなき長者となり、十善の君にてましますとも、
66) われにはいかでまさり給ふべきと、かたじけなくも申すとかや。
67) さやうに冥加なきこと、何とてか申すぞ」とのたまへば、
68) 文太かしこまつて申すやう、「わが身の賤しき有様にて、
69) これほどの宝を持ちて、御ことおぼえず、あやなく申して候ふなり」と申しければ、
70) 「いかほどの宝なれば、かやうに思ふぞ」とのたまへば、
71) 「金銀綾錦、七珍万宝数知らず、

방에 지어놓은 곳간으로 말하자면 또한 셀 수 없이 많습니다."라고 했다.72)

이를 대궁사 나리가 들으시고,

"참으로 복스러운 자가 가진 행운이로구나.73) 그건 그렇고 뒤를 이을 자식은 두었는가?"라고 하셨다.74)

그러자 "아직 없습니다."라고 대답했다.75) 이에,

"그거참 박복한 일이로군.76) 사람으로서 자식에 견줄만한 보물은 둘도 없을 터.77) 서둘러 그 재물을 신불에게 바치고 하나라도 아이를 주십사 아뢰어야 할 것이다."라고 하셨다.78)

이를 듣고 분타는 참으로 일리가 있다고 여겨, 집으로 돌아가서 까닭도 없이 아내를 호되게 나무라고 내치기 일보 직전이었다.79)

그러자 아내가 "이는 어찌 된 일입니까?"라며 소란을 피웠기에, 분쇼가 말하길,80)

"대궁사 나리가 하나의 자식을 가지지 못한 일을 딱하게 여기시오.81) 서둘러 아이를 낳아 주시오."라고 했다.82)

하지만 "스물, 서른 때조차 생기지 않던 아이가, 마흔이 넘고 나서 어찌 생긴다는 말입니까?83) 그런 일이라면 어쩔 도리가 없습니다."라고 했다.84)

---

72) 「四方に造り並べたる蔵を申すに数知らず」とぞ申しける。
73) 大宮司殿きこしめし、「まことにめでたき者の果報かな。
74) さて、末を継ぐべき子はあるか」とのたまへば、
75) 「いまだ候はず」と申しける。
76) 「それこそそつたなきことなれ。
77) 人の身には、子ほどの宝よもあらじ。
78) ただその宝を神仏に参らせん、一人にても子を申すべし」とのたまへば、
79) 文太、げにもと思ひ、家に帰りて、是非なく女房を叱り、すでに追ひ出す。
80) 女房、「これはいかなることぞ」と騒ぎければ文正申しけるは、
81) 「大宮司殿、一人の子を持たぬことを、本意なくおぼしめすなり。
82) 急ぎ子を産みてたび候へ」と申しければ、

이를 듣고 분쇼도 지당하다고 여겨, 그러니 대궁사 나리도 "신불에게 아뢰라."라고 말씀한 것이었다고 생각하여,85) "그럼 신불을 찾아가서 부탁해야겠소."라고 했다.86)

아내도 지당하다 여겨, 이레 동안 정진하고 가시마(鹿島)의 대명신(大明神)이라는 신사(神社)를 찾아갔다.87)

온갖 보물을 바치고, 서른세 차례 예배를 드리고,88)

"바라옵기는 부디 아이 하나를 점지해주십시오."라고 기도 올렸다.89)

이레째 되는 날 한밤중에 황공하게도 신전(神殿)의 문을 여시고,90) 참으로 기품있는 목소리로,

"네가 아뢰는 바를 그냥 지나치기 어렵기에,91) 요 이레 동안 사방팔방으로 구석구석 빠짐없이 찾아보았지만, 네 아이가 될 만한 사람이 없구나.92) 그렇지만 이것을 주겠노라."라며 연화(蓮華)를 두 송이 건네주시고는, 연기처럼 홀연히 사라지고 말았다.93)

그러하니 분쇼가 기뻐하며,

"여기 간토(関東) 여덟 지역94)에서 으뜸으로 잘난 사내아이를 낳아주십시오."라고 했

---

83) 「二十、三十の時だに産まぬ子が、四十になりて、何としてかなふべき。

84) その儀ならば、力なし」と言ひければ、

85) 文正、げにもと思ひ、大宮司殿も、「神仏にも申せ」とこそ仰せられつれと思ひて、

86) 「さらば、神仏へ参りて申しかけべし」と申しける。

87) 女房、げにもと思ひ、七日精進して、鹿島の大明神へぞ参りける。

88) いろいろの宝を参らせ、三十三度の礼拝をして、

89) 「願はくは、一人の子をたび給へ」とぞ祈り申しける。

90) 七日と申す夜半に、かたじけなくも、御宝殿の御戸を開き給ひ、

91) まことに気高き御声にて、「なんぢ申すところ、さりがたきにより、

92) この七日のうち、到らぬ所なく求むれども、なんぢが子になるべき者なし。

93) さりながら、これをたぶ」とて、蓮華を二房給はりて、かき消すやうに失せにけり。

94) 원문의 「八か国」는 「関東八州(かんとうはっしゅう)」를 가리키며 相模(さがみ_현재 가나가와[神奈川]현)·武蔵(むさし_현재 도쿄[東京]도 사이타마[埼玉]현 및 가나가와[神奈川]현 일부)·安房(あわ_현재 치바[千葉]현 남부)·上総(かずさ_현재 치바[千葉]현 중앙부)·下総(しもうさ_현재 치바[千葉]현 북부 및 이바라키[茨城]

다.95)

그리고 아홉 달을 고생하고 나서 열 달째 끄트머리에 해산을 마쳤다.96) 삼십이상(三十二相)97)을 두루 갖춘 고운 공주였다.98)

그런데 이 일로 분쇼가 노여워하며,

"약속했던 보람도 없이 여자아이를 낳고 말았구나."라고 책망했다.99)

그러고 있는데 집안에서 점잖은 부인네들이 말하길,100)

"사람의 자식으로서 따님이야말로 장래에 번창하게 되니 참으로 복된 일입니다."라고 했다.101)

분쇼가 이를 듣고서 "그럼 안으로 들이거라."라고 하고는 대단히 총애했다.102) 유모며 몸종까지도 용모가 잘난 사람을 뽑아서 곁에 붙였다.103)

그리고 그 이듬해에도 더욱 눈부시게 빛나는 공주님을 낳았다.104)

현 일부)・常陸(ひたち_현재 이바라키[茨城]현)・上野(こうずけ_현재 군마[群馬]현)・下野(しもつけ_현재 도치기[栃木]현)가 여기에 속한다.

95) さるほどに、文正喜び、「八か国にすぐれたる男子を産み給へ」とぞ申しける。
96) 九月の苦しみ、十月の末には、産の紐を解きたる。
97) 「三十二相(さんじゅうにそう) : ①부처가 갖추고 있다고 하는 서른두 가지 빼어난 모습이나 모양. 즉 手過膝(무릎보다 긴 팔)・身金色(황금색 몸)・眉間白毫(みけんびゃくごう_흰 털이 있는 미간)・頂髻相(ちょうけいそう_융기가 있는 정수리) 등. ②여성의 용모나 풍채가 빼어난 아름다운 모습.」(広辞苑). 「삼십이상(三十二相) : 『불교』부처의 몸에 갖춘 서른두 가지의 독특한 모양. 발바닥이나 손바닥에 수레바퀴 같은 무늬가 있는 모양, 손가락이나 발가락이 가늘고 긴 모양, 정수리에 살이 상투처럼 불룩 나와 있는 모양, 미간에 흰 털이 나와서 오른쪽으로 돌아 뻗은 모양 따위가 있다.」(표준국어대사전)
98) 三十二相たらひたる、いつくしき姫にてありける。
99) 文正、腹を立て、「約束申せしかひもなく、女を産みたることよ」とて叱りける。
100) その中に、おとなしき女房たち申すやう、
101) 「人の子に、姫君こそ、末繁昌して、めでたき御ことにて候へ」と申しければ、
102) 「さらば、内へ入れ申せ」とて、寵愛申しける。
103) 乳母、介錯までも、みめよきをすぐり付けにけり。
104) また次の年も、なほ光るほどの姫御前をまうける。

분쇼가 "어느 쪽이냐?"라고 물으니 "여느 때와 같습니다."라고 했다.105)

이에 분쇼가 노발대발하며,

"앞서 약속을 어긴 일은 그렇다 치더라도, 어찌 이리 한결같이 사람의 명을 거스르는 것입니까?106) 그 아이를 데리고 냉큼 여기를 떠나가십시오."라고 끝도 없이 책망했다.107)

그때 곁에 있던 사람들이 말하길,108)

"사내아이셨다면 대궁사 나리에게 부림을 받으시겠지만,109) 용모가 출중한 공주님이시니, 온 세상의 다이묘(大名) 치고,110) 어느 누가 사위가 되고자 아니하고 배겨내실 수 있겠습니까?111) 또 어쩌면 대궁사 나리의 아드님이라고 해도 사위로 들이실 수 있겠지요.112) 이보다 꿀맛인 일은 달리 없을 겁니다."라고 했다.113)

이를 듣고서 분쇼가 그도 그럴법하다고 여겨,

"그럼 어서 안으로 들이거라."라고 했다.114)

그리고 가만히 살펴보니 언니보다도 더욱 곱게 느껴지니,115) 역시 유모며 몸종까지도 생김새가 괜찮은 사람으로 채워 곁에 붙여두었다.116)

---

105) 文正、「何ぞ」と申せば、「いつもの者」と申しける。
106) 文正、腹を立て、「先こそ約束違へめ、さのみはいかで人の命を背き給ふぞ。
107) その子を具して、急ぎ出で給へ」と、叱りけること限りなし。
108) その時、御前にありし人々申しけるは、
109) 「男子にてましまさば、大宮司殿にこそ使はれさせ給はんに、
110) 御かたちすぐれたる姫たちにて候へば、国々の大名、
111) いづれか聟にならせ給はざるべき。
112) または、大宮司殿の公達と申すとも、御聟にならせ給ふべし。
113) これほどしかるべきことなし」と申しければ、
114) その時、文正、げにもと思ひ、「さらば、とくとく入れ申せ」とありければ、
115) 見るに、姉御前よりもいつくしくありければ、
116) また乳母、介錯までも、みめかたちよきを揃へて付けにけり。

공주들의 이름을 붙이는데, 꿈속 계시에 연화(蓮華)를 내리시는 꿈을 꾸었기에,117) 그에 따라 언니는 연화라 짓고, 동생은 연꽃이라 지어, 너무나도 소중히 키우셨다.118)

그렇게 세월이 흘러 광채를 뿜어내는 줄로 보일 만큼 아름다운 여인으로 성장하셨다.119)

읽기며 쓰기며 두루 똑 부러지며, 노래며 글이며 이에 견줄 사람이 없다.120)

그 소문을 듣고서 간토(関東) 여덟 지역의 다이묘(大名)들이 나도 나도 하며 앞다퉈 온갖 정성을 기울여 이루 다 헤아릴 수 없을 정도의 글월을 보내왔다.121)

하지만 따님들이 생각하시길, 우리가 이런 외진 동쪽 지방에 태어난 바람에 이렇지,122) 혹시라도 도읍 언저리에서 태어나기라도 했더라면,123) 세상을 살아가다 보면 후궁이나 황후 자리도 노려볼 만했을 텐데,124) 아무리 그래도 세상의 평범한 삶은 전혀 뜻하지 않는다고 생각하셨다.125)

그런데 분쇼는 온 나라의 다이묘들로부터 하나도 빠짐없이 청하는 말씀을 받았기에,126) 흐뭇하게 여기며, 따님들에게 그 이야기를 전했는데, 귓등으로도 듣지 않고 그저 시간만 보내신다.127)

---

117) 姫たちの御名をば、夢想に任せ、蓮華を給はると見たれば、
118) 姉は蓮華、妹を蓮御前と付け、いつきかしづき給ふほどに、
119) 年月重なり、光るほどの君に見え給ふ。
120) 読み書きよろづ利根にて、歌草子並ぶ方なし。
121) これを聞き、八か国の大名たち、われもわれもと心を尽し、文玉章限りなし。
122) 姫たち思ひ給ふやう、かかる東に生れけるぞや、
123) 都のほとりにも生れなば、
124) 世にあるかひには、女御后の位をも心がけ、
125) さて世の常のことは思ひよらずと思はれける。
126) 文正は、国中の大名、いづれも仰せをかうぶり、
127) 面目と思ひて、姫にこのよし申せば、耳にもさらに聞き入れず、明し暮し給ふ。

이에 부모라고 해도 비록 자식이기는 하지만 그 뜻을 거스를 수는 없는 노릇이라며 소중히 받들었다.128)

이 따님들은 내세에 벌어질 일까지 깊이 살펴, 평소에 늘 사찰에 참배하러 다니셨는데,129) 다이묘들이 오가는 길에서 낚아채려 한다는 소문이 일었기 때문에,130) 분쇼가 그 소문을 듣고서 집 서쪽 편에 불당을 짓고,131) 아미타 삼존을 모셔두고서, 마음 내킬 때마다 딸들에게 예배하도록 했다.132)

이렇게 두루 빈틈없이 조심했기에 오가는 길에서 낚아채는 따위 어림도 없었다.133)

한편 대궁사 나리가 그런 이야기를 들으시고, 분쇼를 들게 하여 이르길,134)

"네가 참으로 광채를 뿜어낼 정도의 딸을 두었다는 이야기를 들었다.135) 그 딸을 다이묘들 쪽으로 보내서는 온당치 않고, 우리 아들에게 보내야 할 것이다."라고 말씀하셨다.136)

그러자 분쇼가 그 이야기를 듣고 크게 기뻐하며, 이내 제집으로 돌아가서,137)

"오호 경사 났네, 대궁사 나리 아드님을 사위로 맞게 됐구나.138) 모두 함께 따르거라."라며 부산을 떨었다.139)

---

128) 父母も、子ながら心に違はじと、もてなし給ふ。
129) この姫たちは、来世のことまで深く思ひ入りて、つねにもの参りし給ひけるを、
130) 大名たち、道にて取るべきよし聞えければ、
131) 文正、このよしを聞き、西の方に御堂を建て、
132) 阿弥陀の三尊を据ゑ奉り、心のままに姫たちを参らせけり。
133) かやうに用心深くいたせば、道にて奪ひ取ることもかなはず。
134) 大宮司殿、このよしをきこしめし、文正を召して、
135) 「なんぢ、まことや、光るほどの姫を持ちたると聞く。
136) 大名たちの方へ出すべからず、わが子に出すべし」とのたまへば、
137) 文正、嬉しく思ひ、やがてわが家に帰り、
138) 「あなめでたや、大宮司殿の公達を聟に取るなり。
139) みなみな御供せよ」とののしりける。

그리고 서둘러 딸들에게 가서,140)

"경사 났네, 대궁사 나리가 며느리로 맞겠다고 말씀하셨습니다."라고 했다.141)

그러자 딸들은 참으로 한심스러워하는 낯빛으로,142) 눈시울을 붉히는 것으로 보였기에, 너무나 당혹스러워 쩔쩔매며 가만히 앉아 있었다.143) 이어서 따님들이 말씀하시길,

"어떤 후궁이나 황후든,144) 또는 지체 높은 귀족들이든, 혹시라도 이쪽에 관심을 보이실지도 모르는 일입니다.145) 그렇지 않다면 차라리 비구니가 되어 내세에 극락왕생을 빌어야 마땅할 겁니다."라고 이야기했다.146)

이에 분쇼가 면목이 없어 대궁사 나리에게 저간의 사정을 아뢰었더니, 대궁사 나리가 노발대발하며,147)

"네놈 여식 주제에, 나를 꺼리다니 참으로 괴상망측한 노릇이로다.148) 냉큼 이리 들게 하지 않는다면 네놈을 벌할 것이다."라고 하셨다.149)

그러자 분쇼가 다시 딸들에게 가서 그 뜻을 전했더니,150) 따님들이 말씀하시길,

"이러한 방면의 이야기는 지체가 높건 천하건 상관이 없는 일입니다.151) 차라리 비

---

140) やがて姫たちの方へ行きて、
141) 「めでたや、大宮司殿、嫁にすべきよし仰せ候ふ」と申しける。
142) 姫たちは、あさましげなる気色にて、
143) 涙の色見えければ、あきれはててぞゐたりける。
144) 姫たち仰せけるは、「いかなる女御后にも、
145) または位高き公達などこそ、もしも思ひつき候はんずれ。
146) さなくは、尼になりて後世菩提を願ふべし」と申しける。
147) 文正面目なく、大宮司殿にこの有様を申せば、大宮司殿、腹を立て、
148) 「なんぢが子どもの分として、みづからを嫌はんこと、不思議なれ。
149) 急ぎ参らせずは、なんぢを罪科に及ばすべし」とのたまへば、
150) 文正、また女の方へ行き、このよし申しければ、
151) 姫たち仰せけるは、「かやうの道は、高きも賤しきにもよらぬことにて候へ。

구니가 되어 덧없는 세상을 멀리하던가, 그렇지 않다면 연못이나 강물에라도 몸을 던지겠습니다."라며 한숨지었다.152)

이를 듣고서 분쇼가 구슬프게 울고는 다시 대궁사 나리를 찾아가서 그 뜻을 전했다.153)

그러자 "그만한 강단이라면 어쩔 도리가 없구나."라고 말씀하셨다.154)

그렇게 시간이 흘렀는데, 궁중 경호 담당 관청의 벼슬아치인 미치시게라고 하는 사람이,155) 히타치(常陸) 지방 태수를 명받아 내려오셨다.156)

이 사람은 여간한 호색한이 아니어서, 아무리 산중에 굴러먹거나 신분이 미천한 여인이라고 하더라도,157) 생김새만 남다른 사람이라면 차지하겠다고 뜻하고 계셨다.158)

온 지방의 다이묘들이 나도 나도 하며 앞다퉈 여인을 선보여주었지만,159) 마음에 들지 않아 세월만 보내고 계셨다.160)

그러다 어떤 사람이 아뢰길,

"가시마에 있는 대궁사의 아랫사람으로 분쇼라는 자가 있는데, 그에게 광채를 뿜어낼 만큼 아름다운 여식이 있습니다.161) 온 세상의 다이묘들이 나도 나도 하며 들이댔지만, 아무 소용이 없었습니다.162) 그 사람은 하늘나라에서 내려오셨나 싶을 정도로

---

152) ただ尼になりてうき世を厭ふか、さなくは、淵河へも身を入れん」と歎きける。
153) 文正、さめざめと泣きて、また大宮司殿へ参り、このよしを申しければ、
154) 「それほどの儀ならば、力なし」とぞ仰せける。
155) さて、その後、衛府の蔵人みちしげと申す人、
156) 常陸の国司を給はりて下り給ひけり。
157) この人は、なのめならず色好みにて、いかなる山賤、賤の女なりとも、
158) みめかたち世にすぐれたる人をと、心がけておはしける。
159) 国中の大名たち、われもわれもと見せけれども、
160) 心に合はずして、明し暮し給ひけり。
161) ある人申すやう、「鹿島の大宮司の雑色に、文正と申す者、光るほどの女を持ちて候ふ。

느껴지는 딸을 둘이나 가지고 있습니다.163) 그의 윗사람인 대궁사에게 말씀하셔서 들이십시오."라고 했다.164)

이에 기뻐하시며, 대궁사를 불러들여서,165)

"정말입니까? 댁의 아랫사람 가운데 분쇼라나 하는 자가,166) 비할 바 없이 아름다운 딸을 가지고 있다는 이야기를 들었습니다.167) 다리를 잘 놓아 내가 들이게 하십시오.168) 그리된다면 기쁜 마음으로 태수 자리를 양보하겠습니다."라고 하셨다.169)

"참으로 황송하옵니다만, 어떤 사람이 하는 말도 듣지 아니하고,170) 하물며 부모의 명령도 따르지 않습니다.171) 그렇긴 하지만 우선 이야기해보겠습니다."라며 자리를 뜨셨다.172)

분쇼도 함께 있었는데 그를 불러서,173)

"이토록 경사스러운 일이 있나, 네 여식을 태수 나리의 부인으로 들이시라는 말씀이 있었네.174) 그러면 태수 자리를 내게 주신다고 하셨네.175) 그럼 너를 대관(代官)으로

---

162) 国中大名、われもわれもと申されけれども、用ひ候はず。
163) これは、天人の天降り給ふかとおぼえ候ふほどの女二人持ちて候ふ。
164) 主の大宮司仰せられて、召され候へかし」と申しければ、
165) 喜び給ひ、大宮司を召し、
166) 「まことや、御内の雑色に、文正とやらん者、
167) 並びなき女を持ちたるよし承りて候ふ。
168) 御はからひにて給はり候へ。
169) そのよろこびには、国司を譲り申すべし」とのたまへば、
170) 「かしこまつて候へども、すべて人の申すことをも聞かず、
171) 親の命にも従はず候ふなり。
172) さりながら、申してみ候はん」とて、御前を立ち給ふ。
173) 文正も御供申しけるを召して、
174) 「かかるめでたきことなれば、なんぢが女を国司の御御台に参らせよと仰せあり。
175) さあらば、国司をわれに給はらんとなり。

앉힐 것이네.176) 이보다 더한 영예는 없을 것이야."라고 하셨다.177)

이를 듣고 분쇼가 기뻐하는 기색으로,

"황송히 받잡겠습니다.178) 그렇기는 하지만 부모가 하는 말도 아무 소용이 없는 노릇이기에,179) 어찌 이야기하면 좋을지 모르겠습니다."라며 돌아갔다.180)

집 대문 가에 당도하여,

"오호 경사 났네, 딸내미는 정말 마땅히 두어야 할 만하도다.181) 태수의 장인이 된다니 말이지.182) 모두 나와 채비하여 함께 하자."라고 하면서 딸을 향해 이르길,183)

"아무리 그래도 경사스러운 일이로구나."라고 했다.184)

그리고 저간의 사정을 상세히 전하니, 그 이야기도 다 듣지 아니하고 구슬피 눈물짓고 앉아 있었다.185)

어미는 물론이고 분쇼도,

"이 이야기까지 물리시다니 어처구니없는 일이로군.186) 이 일이 성사되지 않는다면 평생 어찌 될지 모를 일이다."라고 하며,187) 요모조모 이야기해보지만 아무 대답도 하지 않는다.188)

---

176) なんぢをば、代官になすべきなり。
177) 面目、この上はあるべからず」とのたまへば、
178) 文正嬉しげにて、「かしこまつて承り候ふ。
179) さりながら、親の申すことをも用ひぬ者にて候へば、
180) いかが申し候はんずらん」とて、帰りける。
181) 門のほどより、「あなめでたや、女子は持つべきものなり。
182) 国司の御舅になるぞや。
183) みなみな用意して御供申せ」と申しつつ、女に向ひて申すやう、
184) 「さてさてめでたきことなり」。
185) いちいちに申せば、これをもうけで、さめざめと泣きてゐたりける。
186) 母も文正も、「これをさへ嫌ひ給ふことのあさましさよ。
187) このことかなはぬものならば、つねをか何となるべき」と言ひて、

너무나도 성가시게 부추겨대니 딸들은,189)

"대궁사 나리의 아드님을 물린 일이 있사오니, 대궁사 나리도 마음속으로는 언짢게 여기시겠지요.190) 그만 이제 몸을 물에 던지겠습니다."라고 했다.191)

이에 그리 둘 수는 없는 노릇이라며 대궁사 나리에게 찾아가서 그 사정을 아뢰었다.192)

그러자 대궁사 나리가 태수에게 처음부터 끝까지 소상하게 설명하셨다.193)

그 이야기를 다 들으시고는,

"이번에는 만나볼 수 있겠거니 하여,194) 우중충한 시골 살림도 버티고 있었는데, 이제 그 보람도 없구나."라며 도읍으로 올라가 버리셨다.195)

그리고 한참 지나서 도읍에 도착하셨다.196)

그리고 우선 섬기는 분197)의 저택으로 찾아갔다.198)

그런데 때마침 거기에 여럿이 모여 지방에서 벌어진 이야기들을 나누고 있었는데, 궁중 경호 담당 관청의 벼슬아치가 자기 마음에 걸린 이야기를 늘어놓았다.199)

---

188) いろいろ申せども、返事もせず。
189) あまりにくどきければ、姫たちは、
190) 「大宮司殿の公達を嫌ひて候へば、大宮司殿も、心の中は、さこそおぼしめさん。
191) ただ身を投げん」とぞ申しける。
192) そのうへはとて、大宮司殿へ参り、このよし申しければ、
193) 大宮司殿は、国司へ始めより終りまで語り給へば、
194) このよしきこしめし、「このほどは、あひ見んことを思ひて、
195) もの憂き鄙の住居も慰みぬれ、今はそのかひなし」とて、都へ上り給ひける。
196) 日数重なりて、都へ著かせ給ふ。
197) 원문은 "殿下(てんが)"인데 이는 皇太子(こうたいし)・皇太子妃(こうたいしひ)・皇太孫(こうたいそん)・皇太孫妃(こうたいそんひ)・親王(しんのう)・親王妃(しんのうひ)・内親王(ないしんのう)・王(おう)・王妃(おうひ)・女王(じょおう) 등에 대한 경칭(敬称) 또는 摂政(せっしょう)・関白(かんぱく)・将軍(しょうぐん)에 대한 경칭으로 쓰인다.
198) まづ殿下の御所へ参りける。

"어떤 지방이라고 하더라도 히타치 지방만큼 괴상망측한 자가 있는 지방은 없을 겁니다."라고 했다.200)

그런데 그가 모시는 분의 아드님으로 2위(位)인 중장(中將_경호 담당 부서인 고노에후[近衛府]의 벼슬아치) 나리가 그 이야기를 들으시고는,201) "도대체 무슨 일이냐?"라고 물으셨다.202) 이에,

"가시마 지방 대궁사라고 하는 자가 부리는 아랫사람으로 분쇼라고 하는 자가 있는데, 도대체 전생에 무슨 인연이 있었던 것인지,203) 온갖 재물이 넘쳐나고, 즐거이 영화를 누릴 뿐만 아니라,204) 그 대명신이 베푸신 은혜를 입은 딸을 둘이나 가지고 있었습니다.205) 그 여식은 우아하고 고우며, 광채가 날 만큼의 용모에, 마음 씀씀이며 기예에 이르기까지,206) 보통 사람이 범접할 수 없다고 들어서,207) 저 미치시게도 이리로 저리로 들이대 보았습니다만, 당최 꿈쩍할 기색도 없었습니다.208) 그 윗사람인 대궁사는 물론이고 온 지역의 다이묘들도,209) 나도 나도 하며 앞다퉈 청해보았지만 받아들여지지 않았고,210) 두 부모가 하는 말도 듣지 않았습니다."라고 이야기했다.211)

---

199) 折節、国々の物語ども侍りしに、衛府の蔵人、わが心にかかるままに申しけるは、
200) 「いづれの国と申すとも、常陸国ほど不思議なる者のある国は候ふまじ」と申しければ、
201) 殿下の御子に、二位の中将殿、このよしきこしめし、
202) 「何ごとやらん」と御尋ねありければ、
203) 「鹿島の大宮司と申す者が雑色に、文正と申す者、いかなる前世のいはれにや、
204) 七珍万宝、宝に飽き満ち、楽しみ栄ふるのみならず候ふ、
205) かの大明神より御利生に給はりたる姫を二人持ちて候ふが、
206) 優にやさしく、光るほどのみめかたち、心ざま、芸能に至るまで、
207) 人間のわざよもおぼえず候ふと聞き、
208) みちしげも、とかく申して候ひしかども、さらになびく気色もなく候ふ。
209) 主の大宮司をはじめて、国々の大名ども、
210) われもわれもと申しけれども、聞き入れず、
211) 二人の親が申すことも聞かず候ふ」と語り申しければ、

이를 중장 나리가 골똘히 들으시고,212) 이내 상사병이 나셔서 까닭 없이 심란해하신다.213)

그 무렵 지체 높은 대소신료들이 그 따님들을 중장에게 앞다퉈 추천하셨지만,214) 하나도 받아들이려 하지 않으시고, 그저 몸져누워계셨다.215)

그러니 아버님도 어머님도 온갖 가지기도를 올렸다.216)

그렇게 세월이 점점 흘러 한창 가을이 무르익었는데,217) 휘영청 밝은 달빛에 취해 중장 나리가 밖으로 나가 계셨다.218)

이를 달래드리고자 하여 관현을 연주하기 시작하시고,219) 갖가지 유흥을 베푸셨다.220) 이에 중장 나리가 읊은 노래는 이러하다.221)

<달을 바라보니 몸 둘 바 모르게 구슬픈데 어찌 찾아오는 사람이 없을까요>222)

이렇게 노래를 읊으시고, 옷소매를 얼굴에 대고 눈물을 훔치시고는 다시 몸져누우셨다.223)

그것을 궁궐경비대 벼슬아치가 알아차리고는, 요사이 도련님이 평소와 달리 시름에 잠겨 계시기에224) 무슨 일인가 했는데, 남모르게 연모하셨던 것을225) 이제껏 알아차

---

212) 中将殿は、つくづくときこしめし、
213) やがて見ぬ恋とならせ給ひて、いつとなく悩み給ふ。
214) その頃、しかるべき公卿殿上人の、姫君たちを、われもわれもと申されけれども、
215) さらに聞き入れ給はず、うち臥し給ひける。
216) 殿下も、北の政所、御祈りさまざまなり。
217) やうやう月日もたちければ、秋の半ばなれば、
218) 隈なき月にあこがれ、中将殿、立ち出で給ひければ、
219) 慰み申さんとて、管絃をぞ始め給ひ、
220) さまざまの御遊びどもあり。
221) 中将殿、かくなん、
222) <月見ればやらんかたなく悲しきこととふ人のなどなかるらん>
223) かやうに詠ませ給ひて、袖を顔に当て、涙ぐませ給ひて、またうち臥し給ふを、

리지 못했다니 잘못한 일이라며,226) 궁궐경비대 벼슬아치와 예식 담당관, 그리고 관마(官馬) 관리관 이렇게 셋이 중장에게 다가가서 아뢰었다.227)

"이렇게까지 시름에 잠기신 일인데 어찌 아무 말씀도 꺼내지 아니하셨습니까?228) 아무리 머나먼 중국 땅이라고 해도 찾아가지 못하겠습니까? 어찌 어려운 일이겠습니까?" 이런 식으로 아뢰었다.229)

그러자 아무리 감춰본들 드러나기 마련인데 그걸 부끄럽게 여기셔서,230)

"내 꼴이 우습기는 하지만, 마치 헛소리하는 듯싶어 꺼려지기도 합니다만, 이제 뭘 더 감추겠습니까?231) 지난봄 무렵에 궁중 경호 담당 관청의 벼슬아치가 이야기했던,232) 대궁사가 부리는 아랫사람으로 분쇼라는 자가,233) 용모가 출중한 딸을 가지고 있다는 이야기를 듣고 나서부터 오로지 그 생각만 했습니다.234) 사람을 내려보내서 불러들이고 싶었지만, 세상 사람들이 손가락질할 것이 염려되기에,235) 그저 생각에 잠겨 있다 보니 내 몸이 상하고 말았습니다."라며 눈물로 목이 메셨다.236)

이를 듣고 이들이 아뢰길,

---

224) 兵衛佐見とどめ申して、このほど、君の例ならぬ御ここち、
225) いかなる御ことにやと思ひ候へば、人知れずもの思はせ給ひけるを、
226) 今までさとり申さぬことよとて、
227) 兵衛佐、式部大夫、藤右馬助、三人御前に参りて申しけるは、
228) 「これほどにおぼしめし候ふ御ことを、仰せも出させ給はず。
229) いかなる唐土までも尋ね申すべし。何か苦しく候ふべき」などと申しければ、
230) 包めど色に出でけることの恥づかしさよとおぼしめし、
231) 「われながら、上の空なるやうに、はばかり多く侍れども、今は何をか包むべき。
232) 過ぎにし春の頃、衛府の蔵人が物語り候ひし、
233) 大宮司が内の雑色に、文正、
234) 女にかたちすぐれたるを持ちたるよしを聞きしより、一筋に思ひ侍るなり。
235) 人を下して召したけれども、世にそしりもははかりあれば、
236) ただ思ひに身を砕き候ふ」とて、御涙にむせび給ひければ、

"예로부터 사랑이란 그런 법입니다.237) 바로 히타치 지방으로 함께 내려가도록 하겠습니다."라고 아뢰자 중장 나리가 기뻐하기 한량이 없다.238)

그리 아뢰기는 했지만 무슨 수로 탈 없이 내려갈 수 있을지 걱정스럽다.239) 도읍 안에서도 도드라지게 멋들어진 풍채이신데,240) 동쪽 시골구석에서는 더더욱 신분을 감추기 어려울 것이라고 걱정하고 있었다.241)

생각 끝에 그냥 장사치 행색을 하고 여러 가지 팔 것들을 가지고 가면 좋지 않을까 해서,242) 갖가지 물건을 챙겨서 각자 행상에 쓰는 궤짝을 짊어지고 이제 내려가려고 하셨다.243)

중장 나리는 아무리 그래도 먼 길을 떠나가는데,244) 다시 한번 부모님을 뵙고자 하여, 계신 곳으로 찾아가시니,245) 요사이 무슨 영문인지 시름에 잠겨 계시기 일쑤셨는데,246) 떨쳐 일어서신 것만으로도 기특한 일이라며 반색하고 계셨다.247)

중장 나리는 머나먼 지방으로 내려가는 줄도 모르고 계시다가 나중에 알고 근심하실 것이라며,248) 한숨짓고 눈물을 글썽이시니, 두 부모님도 함께 옷소매로 얼굴을 훔치신다.249)

---

237) 人々申されけるは、「昔より恋の道、かくこそ候へ。
238) ただ常陸国へ御供申して下り候はん」と申しければ、中将殿、御喜びは限りなし。
239) かくは申しながら、いかがして下り申すべき、
240) 都にてだにもまぎれなく、いつくしくましますに、
241) 東の奥にては、いよいよまがふ方もあるべからずと、案じめぐらすに、
242) ただ商人のまねをして、いろいろの売物を持ちたらばしかるべしとて、
243) さまざまのものを持ちて、おのおの千駄櫃を背負ひ、すでに下らんとぞし給ひける。
244) 中将殿、さすがはるばるの道に赴き給はんに、
245) 今一度父母たちにも見え奉らんとおぼしめし、御前に参り給へば、
246) このほどは、何とやらん、悩みがちにておはしませしが、
247) 立ち出で給ふ嬉しさよと、喜びあひ給へば、
248) 中将殿は、遠国へ下らんこともしろしめさず、あとにて歎き給はんことよと、

중장 나리는 이제 마음을 단단히 먹고 출발하셨다.250) 그래도 마음속은 심란하여, 입고 있던 옷을 벗어놓으시고, 웃옷 소매에 이렇게 적었다.251)

<동쪽 지방으로 향하는 여로의 정표로 삼고자 벗어 두는 것이니 변고가 생길 거라고는 생각하지 마십시오, 부모님>252)

이렇게 적어놓으시고, 이제껏 신어본 적도 없는 짚신에 서민의 옷을 입으시어,253) 차림새를 남루하게 꾸미셨다.254)

함께 수행하는 사람들도 한가지로 허름하게 입고 내려가신다.255)

하지만 중장 나리는 열여덟이고, 예식 담당관은 스물다섯, 모두 젊은 당상관이다 보니,256) 정말 눈부신 풍채였기에, 아무리 허름한 차림새로 내려가신다고 해도 헛갈려 못 알아볼 턱이 없다.257)

시월 열흘날 남짓에 도읍을 출발하셔서 히타치 지방으로 내려가셨다.258) 길을 지나며 노래를 읊어 마음을 가다듬고, 애절한 느낌에 빠지다가,259) 온갖 풀이며 나무에까지 눈길을 두어 살피며, 사람들과 더불어 내려가시다가 어떤 산을 보시고 읊은 노래는 이러하다.260)

---

249) 歎き御涙ぐみ給へば、御二所ながら、袖を顔に当て給ふ。
250) 中将殿、思ひきつて出で給ひける。
251) 御心の中かきくれて、御装束を脱ぎ置かせ給ひて、御直衣の袖に、かくなん、
252) <東路のかたみとてこそ脱ぎ置くに変るまでとは思ふなよ君>
253) かやうにあそばして、いつ召しなれたることもなく草鞋、直垂を召して、
254) 御身をやつし給ふ。
255) 御供の人々、同じくやつれ下り給ふ。
256) 中将殿は十八、式部大夫二十五、いづれも若殿上にて、
257) いつくしかりける御姿にて、御身をやつし下り給へども、まがふべき方もなし。
258) 十月十日あまりの頃、都を立ち出でさせ給ひて、常陸国へぞ下り給ふ。
259) 道すがら歌を詠み、心をすまし、ものあはれにおぼしめし、
260) よろづ草木までも御目をとどめて、人々と伴ひ下り給ふほどに、ある山を御覧じて、

<내 처지를 알기에 사랑은 괴로운 법이라고 그렇게 사슴은 홀로 우는 게지>261)

그리고 동틀녘 구름 한 점 없는 하늘을 바라보시고는, 참으로 부럽다고 생각하시어 이렇게 읊으신다.262)

<부럽도다, 달빛까지도 노상 푸르른데 내게는 흐린 가을 하늘이로세>263)

이를 듣고 예식 담당관이 이렇게 읊었다.264)

<상봉할 때까지야 흐린 달빛이지만 마침내 머나먼 곳에서 빛을 더할 겁니다>265)

이렇게 모든 일에 행운을 빌며 나아가다가, 미카와(三河_현재의 아이치[愛知]현 동부의 옛 지역명) 지방 야쓰하시(八橋)를 지나시는데,266) 비단옷을 걸치고 지났다는 옛날이야기도 마치 지금 벌어진 양 줄곧 느껴지셔서,267) 사방팔방으로 생각이 뻗쳐 뒤숭숭해 하고 계셨다.268)

그러던 차에 어느 산길에서 나이 칠팔십은 돼 보이는 할아버지가 나타나서,269) "그대들은 무슨 일을 하는 사람들입니까?"라고 물었다.270)

이에, "우리는 도읍에서 물건 팔러 내려가는 장사치인데 히타치 지방으로 내려갑니다."라고 하셨다.271)

---

261) <身を知れば恋は苦しきものぞとてさこそは鹿のひとり鳴くらん>
262) 有明の隈なき空を御覧じて、うらやましとおぼしめし、
263) <うらやまし影も変らず澄む月のわれには曇れ秋の空かな>
264) 式部大夫、
265) <めぐり逢はんほどこそ曇らん月影はつひに雲居の光ましなん>
266) かくて、ものごとに祝ひ申し行くほどに、三河国八橋を過ぎ給ふに、
267) 唐衣着つつなれにし古も、今のやうにおぼしめし続けて、
268) 蜘蛛手にものをこそ思ひ給ひける。
269) ある山中にて、年の齢七八十ばかりなる翁の見奉りて、
270) 「おのおのいかなる人にてましますぞ」と申しければ、
271) 「これは、都より物売に下る商人にて候ふが、常陸国へ下り候ふ」とのたまへば、

그러자 "아뇨 아무래도 장사치로는 보이지 않습니다.272) 지금 높으신 분의 아드님
으로 2위인 중장 나리로 보입니다.273) 사랑에 빠져 갈피를 잡지 못해 떠나오신 겁니
까?274) 올해가 저물기 전에 뜻하시는 사람과 반드시 만나실 겁니다.275) 이 할아버지
가 다 보았습니다."라고 아뢰었다.276)

이를 듣고 어딘가 으스스하게 여겨졌지만, 뜻하는 사람과 만날 것이라고 하는 말이
기쁘다며,277) 속옷을 한 벌 꺼내 그 할아버지에게 내리셨다.278)

그러자 "저는 세상에 널리 알려진 신통한 할아버지입니다."라며 마치 연기처럼 사라
지고 말았다.279)

그리고 나서는 그걸 든든하게 생각하셔서 발이 아픈 것도 잊고 서둘러 내려가셨
다.280)

한편 도읍에서는 2위인 중장 나리가 사라지셨다며 온 세상이 떠들썩한데 도무지 말
로는 못 하겠다.281) 어머니가 계신 곳의 상황은 말할 것도 없고, 온 도읍이 떠들썩하
기 짝이 없다.282)

아들이 평소와 다르게 침울하게 계셨기에 뭔가 한스러운 일이라도 있었나 싶어,283)

---

272) 「いやいや、商人らとは見申さず候ふ。
273) この頃、殿下の御子に、二位の中将殿と見申して候ふ。
274) 恋路に迷ひ出でさせ給ひて候ふか。
275) この暮に、おぼしめす人にかならず逢はせ給ふべし。
276) この翁、よく見申して候ふぞ」と申しけるに、
277) そら恐ろしくおぼしめしながら、思ふ人にひき逢はせべきといふが嬉しきにとて、
278) 御小袖一かさね取り出して、かの翁にたびける。
279) 「これは、聞ゆる見通しの尉にて候ふ」とて、かき消すやうに失せにけり。
280) さてその後は、たのもしくおぼしめして、御足の痛さもおぼえず、急ぎて下り給ふ。
281) 都には、二位の中将殿失せ給へるとて、院中の騒ぎ、なかなか申すもおろかなり。
282) 北の政所の御ことは申すに及ばず、京中の騒ぎ限りなし。
283) いつとなくむすぼほれておはしませば、いかなる御怨みもやとて、

지내고 계셨던 곳을 살펴보셨는데,284) 벗어놓으신 웃옷에 적어놓으신 글을 보시고,285) 조금은 마음을 놓으셨다.286)

그러는 사이에 일행은 히타치 지방에 도착하셨다.287)

우선 가시마(鹿島)의 대명신(大明神)이라는 신사(神社)로 찾아가셔서, 밤샘 기도를 올리셨는데,288)

"바라옵기는 분쇼의 여식과 만나게 해주십시오."라고 밤새워 기도하셨다.289)

그리고 날이 밝으니 물러나 돌아가셨다.290)

그러다 어떤 집에 들러서 찾는 곳을 물으셨더니, 그 집주인이 길잡이를 하여 알려주었다.291)

분쇼의 저택은 드넓게 담장을 둘러쳤는데, 이런 시골에도 이렇게 복스러운 곳이 있구나 싶어,292) 발길을 멈추고 서성이고 계셨는데, 그 집에서 하녀가 나와 말하길,293)

"무엇 하는 사람인가요?"라고 물었다.294)

이에 "도읍 쪽에서 물건을 팔러 내려왔습니다."라고 하셨다.295)

그러자 "그런 걸 여기에서는 반가워합니다. 안으로 들게 여쭙겠습니다."라고 했기

---

284) 住み給ひし方を御覧じ給へば、
285) 脱ぎ置き給ひし直垂の袖にあそばしたるを御覧じて、
286) 少したのもしくおぼしめしける。
287) さるほどに、常陸国へ著き給ふ。
288) まづ鹿島の大明神へ参り給ひて、御通夜申させ給ひ、
289) 「願はくは、文正が女にひき逢はせ給へ」と、夜もすがら祈念申させ給ひて、
290) 明ければ下向し給ひける。
291) ある家に立ち寄りて尋ね給へば、主道しるべして教へ申けるに、
292) 文正が館、七十町の築地を築き、かかる田舎にもめでたき所ありけりとおぼしめし、
293) たちやすらひておはしけるに、下女の出で申しけるは、
294) 「いかなる人ぞ」と問ひければ、
295) 「都の方より、物売に下りて候ふなり」とのたまへば、

에,296) 기뻐하며 곧 뒤따라서 들어가셨다.297)

거기에서 "파는 물건으로는 쓰개와 의복, 자색 아랫도리 옷, 홀(笏)과 쥘부채가 있습니다.298) 그리고 여인의 장신구로는 봄가을에 피는 요시노(吉野_나라[奈良]현 남부의 지명)와 하쓰세(初瀬_나라현 사쿠라이[桜井]시의 옛 이름)의 꽃을 가득 짜 넣었는데,299) 홍매화와 매화, 벚꽃과 버들개지 모양으로 실로 짠 것이고,300) 봄바람에 흘려서 깊은 상심에 잠겨, 어떤 약조를 했는지는 알지 못하지만,301) 소문으로만 알고 있는 국화에서 짜낸 물과, 온 마음을 다한 연락선, 불에 그을리어 나온 황매화나무,302) 색(色)을 좇아 꿈꾸다가, 만나니 목숨도 길어지고,303) 갓 맺어지려는 약조까지도 흥정하시기 원하십니까?304)

여름에는 시원한 샘물이 흘러나오는 집에서, 오리와 원앙을 짜 넣고,305) 겉은 파랗고 안은 홍매화 빛인 비단옷에 사랑 이야기를 담은 노래를 가득 수놓고,306) 겉은 희고 안은 파란 겹옷을 입고 십오야에, 그리운 사람을 보러 동북 지방에 있는 남의 눈에 띄지 않는다는 시노부라는 동네를 찾아왔는데,307) 그 애절함이 누가 거미줄을 사방팔방으로 늘여 놓은 듯 얽히고설켰는지, 그걸 흥정하시기 원하십니까?308)

---

296) 「さやうのことをこそ、これに愛させ給ひ候へ。申し入れ候はん」と言ひければ、
297) 嬉しくて、やがて続きて入り給ふが、
298) 「物売にとりては、冠、装束、紫の指貫、笏、扇、
299) 女房の装束、春秋の、吉野初瀬の花、いろいろを尽し織りたる、
300) 紅梅、梅、桜、柳の糸の、
301) 春風に乱れて、ものぞ思ひける、契りのほどは知らねども、
302) 音にのみ菊の水、心づくし船、こがれて出でにし山吹の、
303) 色をしるべにあこがれて、逢ふに命も長らへて、
304) 結びかけたる契りをも、召したくや候ふ。
305) 夏は涼しき泉殿、鴨や鴛鴦織りかけて、
306) 菖蒲がさねの唐衣に、恋の百首を縫ひ尽し、
307) 卯の花がさねの十五夜の、恋しき人を陸奥の、信夫の里は尋ぬれど、

가을에는 단풍이 깊게 들어, 그리워하는 마음이 물든다는 이름을 가진 아이소메가와(藍染川)에서, 그건 이름만 그런 것이고,309) 옷소매는 낙엽을 좇다가, 사랑에 헤매는 길가의 풀 마냥,310) 이슬을 털어낸 흰 국화가 색이 바랜 것도 흥정하시기 원하십니까?311)

겨울에는 눈 사이로 뿌리를 뻗치면 이제 곧 그 사람을 볼 수 있을까요?312) 후지산 꼭대기에 피어오른 연기가 하늘로 사라지는 게 내 처지와 같아 애절한데,313) 바람이 전하는 소식이라도 있으면 좋으련만,314) 마음속의 괴로움도 적어도 그렇다고는 알렸으면 좋겠다는 마음에,315) 여러 모양으로 짜낸 것들도 흥정하시기 원하십니까?316)

봄에 쓰는 흰색과 붉은색의 허리띠나, 천으로 드리운 발이나 가림막 같은 것도 흥정하시기 원하십니까?317)

그리고 잡화도 여러 가지 있는데, 보석함에 벼루며 덧씌워 쓰는 상자가 있고,318) 그리고 기름 종지와 더불어, 궁중 술잔치319) 때 쓰는 빗과,320) 울긋불긋 깊은 맛이

---

308) あはれを誰かささがにの、蜘蛛手にものや思ふらんをも、召したくや。
309) 秋は紅葉の色深き、思ふ心の藍染川、名のみして、
310) 袖は朽葉にあこがれて、恋路に迷ふ道芝の、
311) 露うち払ふ白菊の、移ろふ色も、召したくや候ふ。
312) 冬は雪間に根をませば、やがてか人を見るべき、
313) 富士の煙の空に消ゆる、身の行方こそあはれなれ、
314) 風の便りの言伝もがな、
315) 心の中の苦しさも、せめてはかくと知らせばやと、
316) 色織りたるも、召したくや候ふ。
317) 春にとりては、白き赤きかけ帯、几帳、引き物なども、召したくや候ふ。
318) さて、具足のいろいろは、手箱、硯に、懸子なり、
319) 원문은 「豊明の節会」인데 이에 대한 『広辞苑』의 풀이는 다음과 같다. 「나라(奈良) 시대 이후 新嘗祭(にいなめさい_덴노[天皇]가 햇곡식을 신에게 바치고 또 친히 먹는 제의[祭儀])·大嘗祭(だいじょうさい-덴노가 즉위 후 처음 행하는 新嘗祭) 이튿날 궁중에서 행해진 연회. 덴노(天皇)가 정전인 紫宸殿(ししんでん)에 나가 햇곡식을 먹고 신하들에게도 하사한다. 술자리 이후에 소녀들이 펼치는 춤(五節[ごせち]の舞[まい])이

나는 접은 화선지와 먹과 붓과,321) 침향과 사향과 반죽한 향 같은 것들도 있습니다.322)

베개도 좋은 물건이 많이 있는데, 유별나게 편안한 꽃베개, 여린 골풀로 짠 베개, 물 건너온 베개가 있고,323) 사랑에 정처 없는 무상한 베개, 침향 베개 같은 것을 늘어놓고서, 연인과 첫날밤을 보내는 새 베개가 있습니다.324)

거울 하면 뒷면에 은으로 붙이고, 새들이 마주 보는 물 건너온 거울이 있는데, 방울새며 참새며 꾀꼬리며 직박구리 같은 것들까지도,325) 온통 가득 붙여놓은 거울을 흥정하시기 원하십니까?"326)

이렇게 이야기에 꽃을 피우면서, 이처럼 맛깔나는 장사치들이,327) 사랑하는 마음을 담은 것인지 알아차리는 사람이 있지나 않을까 하며 애써 파신다.328)

하지만 분쇼 집안에 부리는 사람들이 많이 있었지만, 대개 산에서 굴러먹던 사람들이기에 그 이야기를 조금도 알아차리지 못했다.329)

그런데 시중드는 여인들 가운데 도읍에서 온 사람이 있었는데,330) 정이 깊고, 읽기 쓰기며 와카 방면에도 어둡지 않고, 겉보기에도 고운 사람이기에,331) 따님들 돌보는

    펼쳐지고 녹봉이나 자리를 내리는 의식이 이루어졌다.」
320) またみの壺にあひ添へて、豊明の節会には、櫛、
321) 畳紙、紅、紫色深き、薄様、墨、筆、
322) 沈、麝香、薫物なども候ふなり。
323) 枕のすぐれておぼゆるは、ことにやさしき花枕、小菅の枕、唐枕、
324) 恋路に迷ふうき枕、沈の枕を並べつつ、人に初めて新枕、
325) 鏡にとりては、銀の裏なる、鳥の向ひたる唐の鏡や、鵐、小鳥、鶯、鵯などまでも、
326) 数を尽して、鋳つけたる鏡や、召され候ふ」と、
327) 言葉花を咲かせつつ、かやうにやさしき物売ども、
328) 恋の心を頼りとや、聞き知る人もあるやとて売り給ふ。
329) 文正が内の者ども多けれども、山賤なれば、聞き知らず、
330) 女房たちのその中に、都人にてありけるが、

일에 붙였던 사람이었는데, 그 장사치들을 가만히 보고서,332) 행색이며 행동거지에 이르기까지 보통내기가 아닌 면모이며,333) 물건 파는 말씨가 너무나도 고급스러운 사람이기에 참으로 기이하다.334) 혹시 젊은 당상관들이 따님 소문을 듣고서 그에 이끌려,335) 여기까지 내려오신 것이 아닌가 의심스럽게 생각하고 있었다.336)

그리고 분쇼에게 "이제껏 이렇게 맛깔나는 장사치는 없었습니다. 한번 들어보십시오."라고 했다.337)

그러자 분쇼도 사랑채 여닫이문을 열고 들어보았는데 참으로 맛깔나게 여기셨다.338)

이에 "거기 나리들은 어디에서 오셨기에 이리도 맛깔스럽게 흥정하시는가?339) 다시 한번 흥정해보시오."라고 하니,

그 사람들이 서로 눈길을 맞추곤,340) 바로 이 사람이야말로 소문이 자자한 분쇼겠거니 하며, 다시 전에 했던 것처럼 흥정하신다.341)

그게 너무나도 맛깔나기에 두 번 세 번 연거푸 흥정하셨다.342)

그러자 분쇼는 어떻게든 이 사람들을 여기 잡아두어야겠다고 생각하여,343) "거기

---

331) 情も深く、読み書き、和歌の道にくらからず、みめかたちいつくしき人とて、
332) 姫君の介錯に付けたりしが、この商人をうち見つつ、
333) 姿有様に至るまで、ただ人ならぬ風情なり、
334) 売物の言葉つづき、いとやさしき人なり、不思議なり、
335) もし若殿上人たち、聞き及びあこがれて、
336) これまで下り給ふかと、あやしげにこそ思ひけれ。
337) 「いまだかやうのおもしろき売物こそ候はね。聞かせ給へ」と言ひければ、
338) 文正も、出居の妻戸あけて聞きつれば、さもおもしろくぞおぼえける。
339) 「あの殿ばらは、いづくの人にてましませば、かくおもしろくは売り給ふぞ。
340) 今一度売り給へ」と申せば、人々目を見あはせて、
341) これこそ聞ゆる文正よとて、また先のごとく売り給ふ。
342) あまりおもしろきに、二三度までぞ売らせける。

나리들은 머물 곳은 어디에 있습니까?"라고 물으셨다.344)

이에 "머물 곳은 없습니다. 여기로 바로 찾아왔습니다."라고 했다.345)

그걸 듣고 반가워하며 바로 안쪽 사랑채로 들이시고, 발 씻을 물이며 챙겨 들이밀었다.346)

그러자 관마 관리관이 발을 씻기고, 경비대 벼슬아치가 명주실로 짠 수건으로 발을 닦아드렸다.347)

중장 나리는 몸도 야위고 마르셨지만, 다른 누구보다도 귀하게 보이셨다.348)

분쇼 집안사람들이 수군대길 "행상에 쓰는 궤짝을 짊어진 사내인데,349) 값진 세면용 대야에 발을 담그고, 한 사람은 씻고,350) 다른 한 사람은 고운 비단으로 발을 닦아내니, 참으로 아까운 노릇이로세."라며 비웃었다.351)

한편 분쇼는 "도읍에서 찾아온 상인들에게 남부럽잖게 식사를 잘 갖춰 들이거라."라고 했다.352)

이에 음식을 올려놓는 받침대 위에 수많은 찬을 차려 모두에게 한가지로 올렸다.353)

---

343) いかにしてか、この人々をこれにとどめんと思ひ、
344) 「あの殿ばらたち、宿はいづくにて候ふ」と問ひければ、
345) 「宿は候はず。これへすぐに参りて候ふ」と申し給へば、
346) 嬉しと思ひ、やがて中の出居に入れ奉り、御足の湯など出しければ、
347) 藤右馬助、御足をすましければ、兵衛佐、練貫の御手拭にてのごひ申しけり。
348) 中将殿は、御身も衰へ痩せ給へども、なほ人にはすぐれ見え給ひける。
349) 文正が内の者ども申しけるは、「千駄櫃持ちたる男、
350) 大事の半挿盥に足を入れて、一人は洗ひ、
351) 今一人は、いつくしき絹にてのごひ候ふ惜しさよ」とて笑ひける。
352) 文正、「京商人は恥づかしきぞ、飯など尋常にして、参らせよ」と言ひければ、
353) 高坏に八種の具足し、みなみな同じやうにして据ゑける。

그런데 각자 음식을 바닥으로 내렸기에,

"도읍 사람들은 우스꽝스럽기도 하군.354) 저 야윈 사내에게 음식을 먹게 하고, 마치 엎드리듯 하여, 먹을 수나 있긴 한 건지,355) 차린 음식을 죄다 아래로 내려서 먹는 꼴이 정말 우스꽝스럽구나."라며 비웃고 있었다.356)

분쇼는 사랑채로 나가서 그 사람들에게 술을 권하고자 하여 갖가지 안주를 마련하여,357) 윗자리에 앉아 술잔을 들고 말하길,358)

"집주인이 우선이라고 하는 말도 있으니, 내가 먼저 마셔야겠습니다."라며359) 세 차례 마시고 나서, 중장 나리에게 권하니 어쩔 수 없이 들었다.360)

그러자 동행했던 사람들은 눈이 멀어버릴 것 같은 심정으로,361) 사랑만큼 애련한 것은 달리 없도다,362) 윗분을 빼고는 누가 중장 나리보다 먼저 잔을 드실 수 있겠냐며 하나같이 눈물을 흘린다.363)

중장 나리도 어리둥절하게 생각하셨지만 어쩔 수 없이 드셨다.364)

그러다가 분쇼가 술기운이 올라 말하길,365)

"저 쓰네오카는 미천한 자입니다만, 가시마 대명신께 점지 받자와,366) 생김새가 빼

---

354) おのおのはとりおろしければ、「都人(みやこびと)はをかしきものや、
355) あの痩(や)せ男(をとこ)にものを食(く)はせて、ひれ臥(ふ)すやうにして、食(く)ひもならはぬやらん、
356) 供(そな)へをみなとりおろして、食(く)ひけるをかしきよ」と笑(わら)ひける。
357) 文正(ぶんしやう)、出居(でゐ)に出でて、この人々(ひとびと)に酒(さけ)を勧(すす)めんとて、いろいろの肴(さかな)をこしらへ出(いだ)し、
358) 横座(よこざ)に直(なほ)り、盃(さかづき)を取(と)りて申(まう)すやう、
359) 「主関白(あるじくわんばく)と申(まう)すことの候(さふら)へば、まづ飲(の)み候(さふら)ふべし」とて、
360) 三度(さんど)飲みて後(のち)に、中将殿(ちゆうじやうどの)に参(まゐ)らせければ、力(ちから)なくて参(まゐ)りけり。
361) 御供(おとも)の人々(ひとびと)、目(め)もくるるここちして、
362) 恋(こひ)ほど悲(かな)しきものはなし、
363) 院(ゐん)よりほかは、誰(たれ)か君(きみ)よりさきに盃(さかづき)を取(と)らせ給(たま)ふべきとて、おのおの涙(なみだ)を流(なが)す。
364) 中将殿(ちゆうじやうどの)も、あさましくおぼしめしけれども、力(ちから)なく参(まゐ)りける。
365) さて、文正(ぶんしやう)、酒(さけ)の酔(ゑ)ひのまま申(まう)しけるは、

어난 여식을 둘 두고 있는데, 마치 주인 나리라도 되는 마냥 뫼시고 있습죠.367) 간토(関東) 여덟 지역의 다이묘들이 나도 나도 하며 청하셨습니다만, 전혀 꿈쩍도 하지 않습니다.368) 또 저 쓰네오카가 모시는 대궁사 나리가 며느리 삼겠다 하셨지만, 그에 따르지 않았습죠.369) 그리고 태수로 내려오셨던 도읍의 윗분도 여러모로 말씀하셨지만,370) 그저 한사코 불문에 들겠다고 하는 겁니다.371) 그 딸들을 모시는 여인네들 가운데 생김새가 괜찮은 사람이 여럿 있습니다.372) 여인네를 원하신다면 열이고 스물이고 들이겠습니다.373) 한동안 여기에 머무시며 즐기십시오."라고 아뢰었다.374)

　중장 나리를 비롯해서 모두 별난 이야기라며 가만히 듣고 계셨다.375)

　그러고 나서 귀한 물건들을 궤짝 안에 담아 따님들에게 보내셨다.376)

　그것을 따님들이 보시고, 갖가지 물건을 봐왔지만,377) 이만큼 진기한 것을 아직 보지 못했다며 살펴보셨는데,378) 벼루 밑에 단풍 무늬 겹옷을 화선지 삼아 이런 글이 적혀있다.379)

---

366)「つねをか、賤しき者にて候へども、鹿島の大明神より給はりて、
367) みめよき姫を二人持ちて候ふが、主などのやうにもてなし候ふ。
368) 八か国の大名たち、われもわれもと申され候へども、さらになびかず、
369) つねをか主の大宮司殿、嫁にと仰せ候へども、従ひ申さず候ふ。
370) また、国司に下り給ひし京上臈も、とかく仰せ候へども、
371) ただ一筋に仏道を願ひ申すなり。
372) その女房たちにみめよきがあまた候ふ。
373) 傾城ほしくは、十人も二十人も参らせ申すべし。
374) しばらくこれに御逗留候ふて、御遊び候へ」と申しけり。
375) 中将殿をはじめて、をかしくぞ聞き給ふ。
376) その後、いつくしきものども、箱の中に入れて、姫君の方へとて遣はされける。
377) 姫たち御覧じて、多くのものを見つれども、
378) これほど珍しきものをいまだ見ずとて見給へば、
379) 硯の下に、紅葉がさねの薄様に、

<당신으로 인해 사랑에 헤매는 길가 풀의 그윽한 빛을 어찌 알릴꼬>380)

　따님이 이걸 보시고는 얼굴이 발그스레해지고 수줍어하며 가만히 살펴보시니,381) 붓놀림이며 필적이 이제껏 본 적이 없는 대단한 것이었다.382)

　요사이 수많은 글월을 보았지만 이만큼 대단한 것을 본 적이 없다.383) 물건을 흥정하는 말투도 그렇고, 보통내기가 아니라고 생각하며, 따님이 그대로 돌려주려 하셨다.384)

　그런데 시중드는 여인이 "이렇게 귀한 물건을 그냥 돌려보내신다면,385) 멋도 모른다고 여기실 겁니다. 그냥 받아두십시오."라고 아뢰었다.386)

　이에 그도 그럴법하다고 여기셨는지 그냥 받아두셨다.387)

　또 여동생이 언니가 이번에 건네받은 갖가지 물건을 보시고 부러워하니,388) 분쇼가 아뢰길,

　"저 쓰네오카는 딸을 둘 두었습니다.389) 먼저 받았던 것을 동생이 부러워하는군요.390) 동생에게도 건네주십시오."라고 하니, 미리 채비해 두셨기에,391) 부족함 없이 귀한 것들을 보내셨다.392)

---

380) ＜君故に恋路に迷ふ道芝の色の深きをいかで知らせん＞
381) 姫君、これを見給ひて、顔うち赤めて、つつましながら見給へば、
382) 筆の流れ、墨つき、いまだ見なれぬなり。
383) この年月、多くの文を見つれども、これほどいつくしきを見ざりける、
384) ものを売りつる言葉つき、さればこそと思ひて、姫君は返し給ふを、
385) 介錯の女房たち、「これほどやさしきものを、御返し候へば、
386) 色をも知らぬやうにおぼえ候ふ。ただ御とめ候へ」と申しければ、
387) げにもとおぼしけん、とどめ給ふなり。
388) また、妹、このいろいろを御覧じてうちやみければ、
389) 文正申しけるは、「つねをか、女を二人持ちて候ふ。
390) さきに給はり候ふものを、妹うらやみ申し候ふ、
391) これにも給はり候へ」と申しければ、かねてより用意しておき給へば、

그러다가 분쇼가 아뢰길,

"나리들, 심심하시면,393) 여기에서 서쪽에 있는 불당으로 드셔서 기분을 푸십시오."라고 했다.394)

이에 곧바로 불당으로 가서 보시니 정말로 귀하고 은혜로운 마음이 들어서,395) 구석구석 찬찬히 살펴보셨는데, 비파와 금(琴)을 즐비하게 세워 놓은 것을 보시고,396) 각별하게 여기셔서 비파를 가까이 끌어당겨 타셨다.397)

궁궐경비대 벼슬아치는 금을 타고, 관마 관리관은 생황을 불고,398) 예식 담당관은 피리를 부는데, 맛깔스러운 연주에 감격의 눈물을 흘렸다.399)

그런데 분쇼의 집안사람들이 이를 듣고서, "정체 모를 사람을 불당에 들이셔서,400) 담벼락을 부수기라도 하는 모양인지, 끽끽거리는 소리가 납니다."라고 아뢰었다.401)

이에 분쇼가 말하길 "가서 살펴보고 오너라."라고 했다.402)

그 명을 받아 열 명 남짓이 갔다가 좀처럼 돌아오지 않기에, 다시 스무 명 남짓이 갔는데 역시 돌아오지 않는다.403)

그렇게 저 사람이 가고 이 사람이 가다 보니 모두가 가서는 돌아오지 않는다.404)

---

392) 劣らぬいつくしきものどもを贈り給ひける。
393) 文正申しけるは、「殿ばらたち、つれづれにましまさば、
394) この西の御堂へ参りて、慰み給へ」と申しけり。
395) やがて御堂へ参り御覧ずるに、まことに尊くありがたきここちして、
396) かなたこなた見給へば、琵琶、琴立て並べ置きたるを御覧じて、
397) 珍しくおぼしめし、琵琶をひき寄せ弾かせ給ふ。
398) 兵衛佐琴を弾き、藤右馬助笙を吹き、
399) 式部大夫笛を吹き、おもしろく感涙を流しける。
400) 文正が内の者、これを聞きて、「よしなき人を御堂へ入れ給ひて、
401) 垣壁を破るらん、ひしめき候ふ」と申しければ、
402) 文正申すは、「見て来れ」と申しける。
403) 十人ばかり行きて、遅く帰るほどに、また二十人ほど行けども帰らず、

이를 분쇼가 기이하게 여겨 서둘러 가서 보니, 펼쳐진 하얀 자갈밭에 이삼백 명이 넘실거리고 있다.405)

가까이 다가가서 들어보니, 관현악의 선율이 귀에 가득 울려 퍼지는 광경이다.406)

그 운치와 존귀함에 넋을 잃고,

"이렇게 운치 있고 귀한 선율을,407) 이제껏 들어본 적이 없다니 한심하기 짝이 없도다.408) 황공하게도 이제껏 지은 죄도 죄다 사라졌습니다.409) 그러니 답례품을 드리겠습니다."라며 가지가지 물건들을 들이니,410) 함께 했던 이들이,

"벌써 사위가 답례품을 받으십니다."라며 웃으셨다.411)

한편 따님은 전에 받았던 벼루 밑에 놓인 글월을 남모르게 마음에 두고 있었는데,412) 그걸 전갈할 방도도 없고, 게다가 지난해 내려오셨던 태수보다도,413) 지체가 낮은 사람이겠거니 하며 싱숭생숭해 계셨다.414)

그런데 분쇼가 심부름을 시켜 말하길,

"우리 딸들에게 이번에는 들려주고 싶으니,415) 다시 한번 맛깔나게 연주해 보여주십시오."라고 아뢰었다.416)

---

404) あれ行き、これ行き、行くほどに、みなみな行きて帰らず。
405) 文正、不思議に思ひて、急ぎ行きて見るに、二三百人、白洲になみゐたり。
406) 近く寄りて聞きければ、管絃の音、耳にあきれたる風情なり。
407) おもしろさ、尊さ、心も及ばず、「これほどおもしろくありがたきことを、
408) 今まで聞かざりしことのうたてさよ。
409) ありがたく、罪も消え候ふ。
410) 御引出物申さん」とて、さまざまのもの参らせければ、
411) この人々、「かねてより聟引出物取り給ふ」とて笑ひ給ふ。
412) 姫君は、ありし硯の下の文、人知れず心にかかりけれども、
413) 言ひ伝ふべきたよりもなし、そのうえ、一年下り給ひし国司よりも、
414) 下の人にてあるらんと、思ひ乱れ給ひけり。
415) 文正、使ひをたてて申しけるは、「わが姫たち、今度は聞かせべく候ふあひだ、

이를 듣고 중장 나리를 비롯해 모두가 기뻐하며, 옷매무새를 가다듬고 불당으로 자리를 옮기셨다.417)

따님들도 역시 옷매무새를 가다듬고, 시중드는 여인들과 아랫사람에 이르기까지,418) 생각도 못 할 만큼 잘 차려 입히고 불당으로 들어오셨다.419)

도저히 외진 시골로는 보이지 않을 만큼 격조 있는 광경으로,420) 침향과 사향의 내음이 그득히 들어차 운치 있는 분위기이기에,421) 평소보다 더욱 마음을 가다듬고, 비파를 타셨다.422)

따님이 연주를 들으시고, 비파를 튕기는 소리의 고상함이며 마음을 사로잡는 손놀림까지도 어디 비할 데가 없는 데다,423) 차림새를 남루하게 꾸미셨지만 우아하고 고상하고 눈부시기에,424) 어떠한 바람이 전하는 소식이라도 날아들었으면 좋으련만 하셨다.425)

그런데 때마침 세찬 바람이 불어와 앞에 드리운 발을 휙 하고 들어 젖히는 찰나에,426) 따님과 중장 나리가 서로 눈이 맞으셨다.427)

그 따님의 자태는 한(漢)나라의 이부인(李夫人)이고 양귀비(楊貴妃)고 모두 이에는 미치

---

416) 「今一度おもしろく弾き給へ」と申しける。
417) 中将殿、みなみな嬉しくおぼしめし、ひきつくろひて、御御堂へ移らせ給ふ。
418) 姫君たちもひきつくろひ、女房たち、はした者に至るまで、
419) 心も及ばず出で立たせ、御堂へ入り給ふ。
420) 片田舎ともおぼえず、心にくき風情にて、
421) 沈、麝香のにほひ満ち満ちて、よしあるさまなれば、
422) いつよりも御心をすまして、琵琶を弾かせ給ふ。
423) 姫君は聞き知り給ひて、撥音の気高さ、愛敬つきたる手あつかひも、譬へん方なし、
424) 御身をやつし給へども、優に気高く、いつくしく、
425) いかなる風の便りもがなとおぼしめしける。
426) 折節、嵐激しく吹きて、御簾をさつと吹き上げたる隙より、
427) 姫君と中将殿の御目を見あはせ給ひける。

지 못할 줄로 보신다.428)

　이에 더욱 온 힘을 다해 금과 비파를 타고, 생황과 피리를 불어 연주하시니,429) 이를 듣는 사람들은 너무나 심취하여 감격의 눈물을 흘렸다.430)

　딸들의 마음속도 비할 데가 없다.431)

　분쇼도 또다시 술잔을 채비하여 중장 나리에게 청했다.432)

　이에 어쩔 수 없이 받고는 다시 쓰네오카에게 건네시니,433)

　"언젠가 아뢰었습니다만, 내키지 않으신 것인가요?434) 딸 시중드는 사람 가운데 생김새가 빼어난 여인네가 여럿 있습니다.435) 그 가운데 누구라도 가지십시오. 여기에서 북쪽에 있습니다."라며 손가락을 가리켜 알려주었다.436)

　이에 함께 한 사람들이 서로 마주 보며, 중장의 심중을 헤아려,

　"기쁘게 생각합니다."라며 웃으신다.437)

　그런데 그날 밤을 그대로 보내실 수 없을 듯하시기에, 다른 사람들이 모두 잠잠해지고 나서 남몰래 들어가셨다.438)

　따님도 아까 봤던 모습이 잊히지 않아 창문도 내리지 않고,439) 휘영청 밝은 달을

---

428) かの姫君の御有様、漢の李夫人、楊貴妃もこれには過ぎじとぞ見え給ふ。
429) いよいよたしなみ、琴、琵琶を弾きあはせ、吹き鳴らし給へば、
430) 聴聞の人々、あまりのおもしろさに、随喜の涙を流しける。
431) 姫たちの心の中、譬へん方なし。
432) 文正また、盃をばしらめて、中将殿にさしにけり。
433) 力なく参りて、またつねをかに給へば、
434) 「いつぞやも申して候ふ、御嫌ひ候ふか、
435) 姫の方に、みめよき女房たち多く候ふ、
436) いづれにても召され候へ。これより北に候ふ」とて、指をさして教へける。
437) 人々目を見あはせて、御心の中おしはかり、「嬉しく候ふ」とて笑ひ給ふ。
438) さて、その夜を過し給ふべしともおぼえねば、人静まりて忍び入り給へば、
439) 姫君も、ありつる姿忘れやらず思ひ給ひ、格子もおろさず、

올려다보며 가만히 앉아계셨는데,440) 중장 나리가 다른 이의 눈을 피해 둘러친 담장을 넘어 들어오셨다.441)

뜻하지 않게 사내의 그림자가 어른거렸기에, 가슴이 벌렁거려 한쪽 가로 들어가셨는데,442) 중장 나리도 함께 들어가셔서 그 곁에 나란히 누우셨다.443)

그러자 아까 그 사람이려나, 두렵기도 황당하기도 하구나, 이제껏 그렇게도 다가오는 사람들을 멀리하다가,444) 장사치와 연을 맺어서, 이를 부모님이 듣기라도 하시면 슬퍼하실 텐데 부끄럽기도 하여,445) 마음을 내줄 수 없다고 이야기하시니, 중장 나리도 지당한 이야기라고 여기시면서도,446) 궁중 경호 담당 관청의 벼슬아치가 이야기했던 일부터 자초지종을 낱낱이 말씀하셨다.447)

그러자 따님도 마음이 풀리셔서, 어느새 얕지 않은 연을 맺으셨다.448)

그러고 있다 보니, 기나긴 가을밤이지만 누구를 만나는가에 따라 다른 법, 동녘 하늘이 어슴푸레해지더니 어느새 밝아졌기에 노래를 읊으신다.449)

　　<그립고 그리워하다 겨우 만난 밤이 이리도 짧아 정겨운 이야기를 다 나누지 못한 첫 잠자리로구나>450)

---

440) 月限なきをながめつつ、ゐ給ふ折節、
441) 中将殿、八重の垣を忍び入り給へば、
442) 例ならず男の影見えければ、胸のうち騒ぎ、傍に入り給へば、
443) 中将殿も、ともに入らせ給ひ、御そばに添ひ臥させ給へば、
444) かの人やらん、恐ろしくもあさましく、さしも人々を嫌ひ、
445) 商人に契りを結びて、父母の聞き給はんこと、悲しく恥づかしくて、
446) 思ひよるまじきよしのたまへば、中将殿も、理とおぼしめし、
447) 衛府の蔵人語りしより、始め今までかくくどき語り給ふに、
448) 姫君もうちとけ給ひ、いつしか浅からず契り給ふ。
449) さるほどに、秋の長き夜なれども、逢ふ人からのしのゝめ、早く白みければ、
450) <恋ひ恋ひてあひ見し夜半の短きは睦言尽きぬ新枕かな>

이렇게 말씀하시니, 따님이 수줍어 얼굴을 가리며,451)

　<보잘것없는 처지에는 짧은 밤이 아니었을 것을 하지만 어느새 어슴푸레 밝아온 하늘이로다>452)

그로부터 하늘로는 비익조453)요, 땅으로는 연리지454)로 연을 맺으셨다.455)

그리고 나서는 남들에게 감추려고 하지만 훤히 드러나기에, 사람들이 서로 수군댔다.456)

이를 어머니도 들으시고는 "정말 어처구니없는 노릇일세, 다이묘들을 멀리하더니 장사치와 연을 맺다니 참으로 슬프기 짝이 없구나.457) 장사치에 달려 내쫓아버리겠다."라고 했다.458)

그러는 차에 분쇼가 있는 곳에서 도읍에서 내려온 장사치를 귀히 모셔두고,459) 관현을 연주하게 시킨다는 이야기를 대궁사 나리가 들으시고 심부름 보내 물었다.460)

분쇼가 이를 받아 "황송하옵니다."라며 장사치에게 말하길,461)

"대궁사 나리께서 듣고자 하시니, 평소보다 더 잘 차려입고,462) 연주해 주십시오."

---

451) と、かやうにのたまへば、姫君うちそばみつつ、

452) <数ならぬ身には短き夜半ならしさてしも知らぬしののめの空>

453) 원문의 「比翼(ひよく)の鳥(とり)」는 암컷과 수컷이 눈이 하나에 날개가 하나로 늘 한 몸이 되어 날아다닌다는 전설상의 새. 남녀 사이의 깊은 인연을 비유하는 말로 쓰인다.

454) 원문의 「連理(れんり)の枝(えだ)」는 나무의 한 가지가 다른 나무의 가지와 합쳐져서 하나가 된 것을 일컬으며 이는 '하나로 맺어진 가지'나 '부부나 남녀의 사이가 화목한 것'을 비유하는 말로 쓰인다. 예로부터 길조로 여겨진 모양이다.

455) それより、天にあらば比翼の鳥、地にあらば連理の枝とぞ契り給ひけり。

456) 忍ぶとすれど、あらはれて、ささやきあへり。

457) 母上も聞き給ひて、「あさましや、大名たちを嫌ひて、商人に契りしことの悲しさよ。

458) 商人に付けて追ひ出さん」とぞ申しけるほどに、

459) 文正が所にこそ、都より下りたる商人を愛し置きて、

460) 管絃させるよし、大宮司殿へきこしめし、御使ひありしかば、

461) 文正承り、「かしこまつて候ふ」とて、商人に申しけるは、

라고 했다.463)

　이에 이제는 정체가 드러나고 말 것으로 생각하시어,464) 도읍에서 입던 옷이며 장신구들은 모두 그대로 가지고 계셨기에,465) 관을 쓰고 관복 차림에, 이를 검게 칠하고 눈썹을 그리시니,466) 헤아릴 수 없고 말로도 표현 못 할 만큼 귀하게 보이셨다.467)

　분쇼 집안사람들이 이를 보고서 그 장사치는 도대체 어디로 갔는지,468) 그저 신불이 눈앞에 나타나셨나 하며 놀라워하고 있었다.469)

　그러고 있는데 대궁사 나리가 아드님 다섯을 이끄시고 가마를 타고 들어오셔서,470) 불당 정면을 보셨는데, 중장 나리를 보시고는 심장이 덜컥 내려앉아 가마에서 굴러떨어져서는,471)

　"그나저나 윗분의 자제분으로 2위인 중장 나리가 모습을 감추셨다 하여,472) 온 세상에 수소문하신다는 이야기를 들었습니다.473) 그런데 예 계시는 줄은 꿈에도 생각하지 못한 일인데, 참으로 놀라울 따름입니다."라며 몸 둘 바를 몰라 하며,474) 조아리며 가만히 앉아 계셨다.475)

---

462) 「大宮司殿、御聴聞あらんとのたまふあひだ、いつよりもひきつくろひて、

463) 管絃し給へ」と申しければ、

464) 今日こそあらはれんとおぼしめし、

465) 都にての御装束、いづれも持たせ給へば、

466) 御冠、束帯の姿にて、鉄漿つけ、眉つくり給へば、

467) 心も言葉も及ばず、いつくしく見え給ふなり。

468) 文正が内の者、これを見て、商人はいづれやらん、

469) ただ神仏の現れ給ふかと驚きける。

470) 大宮司殿、公達五人連れ給ひて、輿にて入らせ給ひ、

471) 御堂の正面を見給へば、中将殿と見給ひ、肝を消し、輿よりころびおり、

472) 「さても、殿下の御子に二位の中将殿、失せさせ給ふとて、

473) 国々を尋ね参らせ給ふと承り候ふ。

474) これにましますを、夢にも知り奉らぬこと、あさましさよ」とあきれて、

그러고 있는데 궁궐경비대 벼슬아치가 일어나 앞으로 나서서,

"여봐라 사다미쓰, 이리 들라."라고 말씀하셨다.476)

이를 듣고 분쇼는 서둘러 집으로 돌아가서,

"참으로 어처구니가 없구나, 사람이 가까이 둬서는 안 될 것이 도읍에서 온 장사치로세.477) 무엄하게도 우리 나리 이름을 함부로 부르는구나."라며 몸서리치며 울부짖었다.478)

그런데 대궁사 나리가 분쇼를 불러들여서,

"너는 진정 모르는가, 참으로 황공하게도,479) 윗분의 자제분으로 2위인 중장 나리라고 해서 감히 어깨를 견줄 만한 사람이 없는 분이 이분이시다.480) 아무리 그래도 너무나 분에 넘치는 일이로구나."라고 하셨다.481)

분쇼가 이 이야기를 듣고서 간담이 서늘해지고 넋이 나간 듯하여,482) 이제껏 장사치로만 생각했는데, 윗분의 자제분이라는 것을,483) 꿈에도 알아차리지 못했던 일에 얼굴을 붉히며, 다시 집안으로 돌아갔다.484)

"사위님이 전하네, 전하가 사위님이네." 하며 미친 듯 기뻐했다.485)

---

475) かしこまりてぞゐ給ふ。
476) さるほどに、兵衛佐立ち出でて、「いかにさだみつ、これへ参れ」とのたまへば、
477) 文正、急ぎ家に帰り、「あさまし、人の目を見すまじきものは京の商人なり。
478) かたじけなくも、わが君をなめげに申す」と、ふるひ泣きけり。
479) 大宮司殿は、文正を召し、「なんぢ知らずや、かたじけなくも、
480) 殿下殿の御子に、二位の中将殿と申して、並ぶ方なき御人なり。
481) さても、冥加につきなん」と申し給へば、
482) 文正承り、肝魂も失するここちして、
483) このほど商人と思ひつるに、殿下の御子にてわたらせ給ふを、
484) 夢にも知らずと赤面して、また内へ戻りけり。
485) 「聟殿は殿下ぞ、殿下は聟殿よ」と、ものに狂ふよしに喜びける。

대궁사 나리는 스스로 가마를 메고, 자기 거처로 안내하고는,486) 간토(関東) 여덟 지역의 다이묘들에게 알리니, 앞다퉈 모두가 모여들었다.487)

그리고 "이만큼 복된 행운을 얻으시고자 하여, 이제껏 모든 사람을 멀리하셨던 것이었군요."라고 했다.488)

중장 나리는 따님을 데리고 도읍으로 올라가시고자 나서셨다.489)

동쪽 지방에 있는 다이묘 일만여 기가 이와 함께 움직였다.490)

수행하는 역할로는 대궁사 나리의 부인을 비롯하여 나도 나도 하며 앞다퉈 모여들었다.491)

분쇼가 사방 창고에 쌓아두고 있던 보물들은, 지금이 아니면 달리 언제 쓰려나 하여, 수레를 금은으로 꾸미고,492) 부인들을 곱게 치장하여, 도읍으로 오르셨다.493)

그러니 이를 지켜보고 소문으로 듣는 사람들 가운데 부러워하지 않는 이가 없었다.494)

그리고 3월 10일 무렵에 도읍에 당도하셨다.495)

윗분의 부인께서도 마치 꿈을 꾸는 듯한 마음이 드셔서 기뻐하기 한량이 없다.496)

---

486) 大宮司殿は、手づから御輿をかき、わが宿へぞ移し申し、
487) 八か国の大名にふれければ、われもわれもと参り集まりける。
488) 「これほどめでたき幸をひき給はんとて、諸人を嫌ひ給ひける」と申しける。
489) 中将殿は、姫君を具して、都へ上らんとおぼしめし、御出で立ち給ふ。
490) 東国の大名一万余騎、御供に参りけり。
491) 御介錯には、大宮司殿の北の方をはじめとして、われもわれもとぞ参りける。
492) 文正が四方の蔵の宝物は、いつの用ぞと、御車をば金銀にて飾り、
493) 女房たちをいつくしく飾り、都へ上り給へば、
494) 見る人、聞く人、うらやまざるはなかりける。
495) 三月十日あまりに、都へ著かせ給ふ。
496) 殿下の北の政所も、ただ夢のここちせさせ給ひて、嬉しさ限りなし。

설령 어떠한 사람의 자식이라고 하더라도 소홀히 여길 수 없다며 융숭히 대접하신다.497)

따님은 연보랏빛 일곱 겹의 옷에, 보랏빛 웃옷과 벚꽃 무늬가 새겨진 붉은 아랫도리를 고아하게 차려입으시니,498) 자태며 아우라가 참으로 고와 달리 비할 바가 없다.499)

어떠한 연유로 분쇼라든가 하는 자의 자식으로 태어나신 것인지 모르겠지만,500) 그저 하늘나라 사람의 화신이 아닐까 하여 그지없이 총애하신다.501)

그리고 이번 일이 기쁘시다고 하여, 히타치 지방을 대궁사에게 상급으로 내리셨다.502)

그러고 나서 중장 나리가 천자를 찾아가셨는데, 요사이 중장을 보고 싶으셨는데 때마침 찾아왔다며 더없이 기뻐하셨다.503)

그리고 바로 대장으로 올리셨다.504)

한편 저간의 사정을 물으심이 있기에 소상히 아뢰신다.505)

이를 듣고 천자가 말씀하시길,

"여동생도 필시 아름답겠지."라고 하셨다.506)

그러자 "언니보다도 더욱 출중합니다."라고 아뢰자 곧바로 선지(宣旨)를 내리셨

---

497) たとひいかなる者の子なりとも、おろかには思ふべからずとて、もてなし給ふ。
498) 姫君は、藤がさねの七重衣に、ゑいその唐衣、桜の紅袴、にほやかに着なし給へば、
499) 姿かかり、まことにいつくしさ、譬へん方なし。
500) いかなる故に、文正とやらんが子に生れ給ふらん、
501) ひとへに天人の影向かと、御寵愛限りなし。
502) 今度の御よころびにとて、常陸国を大宮司にたびにけり。
503) さて、中将殿、帝へ参り給へば、このほどは恋しき折節に、御喜び譬へん方なし。
504) やがて大将にぞなし給ふ。
505) さて、このほどのことども御尋ねありけるに、いちいち語り給ふ。
506) 帝仰せありけるは、「妹さだめてよかるらん」とのたまへば、

다.507)

　분쇼가 그 말씀을 듣고 선지가 황공하기는 하지만,508) 언니는 어쩔 도리가 없었다고 하더라도, 동생은 이곳에 그대로 모셔두고서,509) 아침저녁으로 알현하지 않고는 도무지 배겨낼 도리가 없다는 뜻을 아뢰었다.510)

　그 뜻을 천자에게 아뢰었더니, 그렇다면 부모도 함께 도읍으로 들도록 했다.511)

　그러고 나서 천자께서 친히 보시니 언니보다도 곱게 여기시어 그지없이 총애하셨다.512)

　대단한 자식을 두었기에, 분쇼를 나이 칠십에 재상으로 삼으시고,513) 궁에 들이셨는데, 오십 남짓으로 보였다.514)

　그리고 따님은 후궁에 오르셨다.515)

　그렇게 지내다가 평소와 달리 따님이 힘들어하시니, 천자를 비롯해 야단법석이셨다.516)

　그런데 그게 뒤집혀 기뻐하시기에 한량이 없는데, 열 달이 지나 편안하게 출산하셨고, 황자를 낳으셨다.517)

---

507) 「姉よりもまさりて候ふ」と申し給へば、やがて宣旨を下されけり。
508) 文正、このよし聞き、宣旨かたじけなくは候へども、
509) 姉は力なし、妹はこの国に置き候うて、
510) 朝夕見参らせではかなふまじきよし申しければ、
511) そのよし奏しけるに、さらば、父母ともに都へ召しけり。
512) 帝御覧ずれば、姉君よりもいつくしくおぼしめし、御寵愛限りなし。
513) よき子を持ちぬれば、文正七十にて宰相にぞなされて、
514) ひき上げ給へば、五十ばかりにぞ見えにける。
515) 姫君は女御になり給ふ。
516) さるほどに、例ならず悩み給へば、帝をはじめ騒ぎ給へば、
517) ひきかへ御喜び限りなし、十月と申すに、御産平安し給ひて、皇子をぞ産み給ふ。

그리고 유모로는 언니가 궁에 들어 맡았다.518)

또 할아버지가 되는 재상은 곧바로 다이나곤(大納言)으로 올리셨다.519)

그렇게 미천한 소금 장수였던 분쇼인데, 이처럼 복된 행운들을 얻었기에 말로는 이루 표현할 수 없다.520)

어머니도 또한 2위 나리라고 했다.521)

도대체 전생에 어떤 선행을 베풀었는지, 모두가 번창하여, 영화를 뽐내고,522) 나이까지도 젊어 보이시고, 아랫사람과 젊은 무사들을 여럿 부리는데,523) 부인들이며 위에서 아래에 이르기까지 모두에게 중히 쓰여 영화를 누리셨다.524)

그러는 사이에 다이나곤은 높은 곳에 불탑을 세우고, 큰 강에 배를 띄우고,525) 작은 강에 다리를 놓는 등 수도 없는 선행을 널리 베푸셨다.526)

누구나 모두 수명이 백 살 넘어까지 이어지시니 참으로 복되도다.527)

무슨 일이 있어도 복된 일의 으뜸으로는 이 책자를 넘겨 보셔야 하겠습니다.528)

---

518) 御乳母には、関白殿の姫君、中宮に参り給ひぬ。
519) また、祖父御の宰相は、やがて大納言になされけり。
520) 賤しき塩売の文正なれども、かやうにめでたき果報ども、なかなか申すに及ばれず。
521) 母も、二位殿とぞ申しける。
522) いかなる過去の行ひにやらん、みなみな繁昌して、栄華に誇り、
523) 年さへ若く見え給ひ、下人、若党多く召し使ひ、
524) 女房たち、上下に至るまで、人に用ひられ、栄耀に誇り給ふ。
525) さるほどに、大納言は、高き所に塔を建て、大河に舟を浮かめ、
526) 小河に橋をかけ、善根数を尽し給ふ。
527) いづれもいづれも、御命百歳に余るまで、保ち給ふぞめでたき。
528) まづまづ、めでたきことの始めには、この草子を御覧じあるべく候ふ。

옮긴이 **민병찬**

인하대학교 일본언어문화학과 교수

■ 저서

『중세 일본 설화모음집 3 -일한대역 『우지슈이모노가타리宇治拾遺物語』③』, 2024
『중세 일본 설화모음집 2 -일한대역 『우지슈이모노가타리宇治拾遺物語』②』, 2023
『중세 일본 설화모음집 1 -일한대역 『우지슈이모노가타리宇治拾遺物語』①』, 2022
『역주 첩해신어(원간본·개수본)의 일본어(中)』, 2021
『역주 첩해신어(원간본·개수본)의 일본어(上)』, 2020
『역주 일본판 삼강행실도 1(효자)』, 2017
『역주 일본판 삼강행실도 2(충신)』, 2018
『역주 일본판 삼강행실도 3(열녀)』, 2019
『고지엔 제6판 일한사전』(제1-2권), 2012
『일본인의 국어인식과 神代文字』, 2012
『일본어 옛글 연구』, 2005
『日本韻學과 韓語』, 2004
『일본어고전문법개설』, 2003

■ 논문

▶『捷解新語』의 〈あり〉에 관한 일고찰, 『비교일본학』 61, 2024
▶외래어 번역양상에 관한 통시적 일고찰, 『비교일본학』 54, 2022
▶『全一道人』의 일본어에 관한 일고찰 -〈欲遣繼妻〉에 대한 번역어를 중심으로-, 『비교일본학』 48, 2020
▶『小公子』와 『쇼영웅(小英雄)』에 관한 일고찰 -언어연구 자료로서의 활용 가치를 중심으로-, 『일본학보』, 2018
▶『捷解新語』의 〈'못' 부정〉과 그 改修에 관한 일고찰, 『비교일본학』 40, 2017
▶가능표현의 일한번역에 관한 통시적 일고찰, 『일본학보』, 2016
▶『보감(寶鑑)』과 20세기초 일한번역의 양상, 『비교일본학』 35, 2015
▶〈べし〉의 대역어 〈可하다〉에 대하여 -『조선총독부관보』를 중심으로-, 『비교일본학』 32, 2014
▶〈べし〉의 한국어 번역에 관한 일고찰 -〈べから-〉에 대한 대역어를 중심으로-, 『일본학보』, 2014
▶『朝鮮總督府官報』의 언어자료로서의 활용 가능성에 대하여 -〈努む〉에 대한 대역어를 중심으로-, 『일본학보』, 2014
▶『日文譯法』의 일한번역 양상에 대하여, 『일본학보』, 2013
▶조선총독부관보의 '조선역문'에 대하여, 『일본학보』, 2012
▶헤본·브라운譯 『馬可傳』에 있어서 「べし」에 대하여, 『일본학보』, 2012
▶伴信友와 神代文字: 平田篤胤와의 비교를 중심으로, 『일본학보』, 2012
▶落合直澄와 韓語 -『日本古代文字考』를 중심으로-, 『일본학보』, 2011

초판인쇄	2025년 03월 04일
초판발행	2025년 03월 11일
저　　자	민병찬
발 행 인	권호순
발 행 처	시간의물레
주　　소	경기도 파주시 숲속노을로 150, 708-701
전　　화	031-945-3867
팩　　스	031-945-3868
전자우편	timeofr@naver.com
홈페이지	http://www.mulretime.com
블 로 그	http://blog.naver.com/mulretime
I S B N	978-89-6511-486-4 (93830)
정　　가	25,000원

ⓒ 2025 민병찬
* 잘못된 책은 바꾸어 드립니다.